„Eure manchmal zornige Eva“

Hermann-Josef Frisch

„Eure manchmal zornige Eva"

Biblische Gestalten schreiben an Gemeinden von heute

Matthias-Grünewald-Verlag · Mainz

Die Deutsche Bibliothek – CIP-Einheitsaufnahme
Frisch, Hermann-Josef:
„Eure manchmal zornige Eva“ : Biblische Gestalten schreiben an Gemeinden von heute / Hermann-Josef Frisch. – Mainz : Matthias-Grünewald-Verl., 1994
ISBN 3-7867-1745-1

Umschlag: Matik & Schelenz, Essenheim
Abbildung: Römisches Fresko, Neapel
DTP: Hermann-Josef Frisch, Morsbach
Druck und Bindung: Wagner, Nördlingen

ISBN 3-7867-1745-1

Inhalt

Vorwort

Seinen Anfang genommen hat das vorliegende Buch vor einigen Jahren, als einer meiner Kapläne nach einem Treffen mit Kollegen mit vier Adventsbriefen zurückkam und wir entschieden, sie zu einer Predigtreihe im Advent auszugestalten. Seither sind diese ersten Briefe vielfach umgeschrieben und verändert worden, vielleicht finden sich noch hier und da einige der ursprünglichen Formulierungen, die erste Fassung liegt mir nicht mehr vor.

In der kleinen Gemeinde in Morsbach-Lichtenberg, in der ich zur Zeit tätig bin, stießen die gegenüber der »Urfassung« bearbeiteten Adventsbriefe und ein weiterer Brief von Stephanus auf ein reges Echo. So wurde ich ermutigt, die Briefe weiterer biblischer Gestalten aufzuschreiben, von historisch genau zu fixierenden Personen wie Mose, Elija oder Simon Petrus bis hin zu den Engeln von Weihnachten und Ostern. Selbst der Esel des Palmsonntags durfte einen Brief schreiben.

Bei der Auswahl der biblischen Gestalten habe ich mich weitgehend am Kirchenjahr orientiert. Für die Fastenzeit und für Gründonnerstag sind sogar jeweils zwei Briefe vorhanden. So kann dieses Buch auch parallel zu der Lesung oder dem Evangelium des jeweiligen Sonn- oder Feiertags zur Hand genommen werden. Ja, es steht wohl nichts im Wege, an dem einen oder anderen Sonntag einmal einen »Gastprediger« in der Gemeinde zu haben und eine der biblischen Personen die Ansprache in Form eines Briefes halten zu lassen. Die Aufmerksamkeit der Gemeinde ist sicher, vielleicht besonders dann, wenn der Brief durch eine große Schriftrolle eingebracht wird.

Doch solches Äußere ist unwichtig gegenüber dem grundsätzlichen Bemühen aller Briefe, den Menschen von heute neue Zugänge zu biblischen Personen und über sie zur biblischen Botschaft zu eröffnen. Deshalb werden die biblischen Texte nicht nur in Briefform wiedergegeben, sondern zugleich gedeutet, Mißverständnisse (etwa bei Adam und Eva oder bei Christi Himmelfahrt) angesprochen und Hilfen zu einem zeitgemäßen Bibelverständnis gegeben. Dem Leser, der Leserin (oder dem Hörer, der Hörerin) soll somit ein neuer Zugang zur Gründungsurkunde christlichen Glaubens, zur Bibel als dem Buch der Bücher, möglich werden.

Hermann-Josef Frisch

Jesaja

1. Advent

Liebe Frauen und Männer im Volk Gottes!

Gestatten Sie mir, daß ich mich zuerst einmal vorstelle, denn wahrscheinlich können viele von Ihnen mit meinem Namen nicht viel anfangen.

Ich bin *Jesaja*, der Sohn des Amos, Sprachrohr und Prophet Gottes in Israel. Jesaja ist ein hebräischer Name, wenn man ihn übersetzt, bedeutet er: »Gott ist Heil und Rettung«. Mein Name ist mir zum Lebensprogramm geworden. Ich habe in einer ganz anderen Zeit und Kultur gelebt als Sie heute: Schon fast zweitausendsiebenhundert Jahre ist das her, siebenhundert Jahre vor Jesus.

Wahrscheinlich denken Sie jetzt: So ein alter Prophet wie dieser Jesaja, was hat der uns heute denn schon noch Neues zu sagen? Wer aber so denkt, der irrt sich gewaltig. Ich habe auch den Menschen Ihrer Zeit, ich habe Ihnen etwas Wichtiges zu sagen. Deshalb schreibe ich im Advent dieses Jahres an Sie einen Brief.

Von Ihrer Zeit und Kultur verstehe ich nicht viel. Da gibt es so viel Technisches, das ich nicht kenne.

Aber meine Botschaft gilt trotzdem. Denn wenn sich auch so viel verändert hat, die Menschen haben sich nicht verändert.

Noch immer gibt es Arme, Hungernde, Unterdrückte, Ausgebeutete und Hoffnungslose, noch immer gibt es so viele einsame und enttäuschte Menschen. Noch immer ist der Hunger nach Frieden, Freiheit und Gerechtigkeit nicht gestillt worden.

Jeder von Ihnen erlebt das, wenn er die Welt mit offenen Augen wahrnimmt. Und so wachsen Fragen: Worauf hoffen wir, worauf warten wir, was soll in unserem Leben anders und vor allem besser werden? Und schließlich: Wer kann uns helfen?

Damit komme ich zu dem, was ich den Menschen meiner Zeit gesagt habe. Ich wollte ihnen Mut machen. Sie sollten die Hoffnung nicht aufgeben, und zwar deshalb, weil unser Gott zu uns Menschen hält. Deshalb habe ich ihnen immer wieder geschrieben:

Das Volk, das im Dunkeln lebt,
sieht ein helles Licht.
Über denen,
die im Land der Finsternis wohnen,
strahlt ein Licht auf.

Wie ich damals den Menschen Mut machen wollte, so will ich heute auch Ihnen Mut machen: Gott ist ebenso mit Ihnen, den Menschen im Mitteleuropa des zwanzigsten Jahrhunderts.

Vielleicht fragen Sie, welches Licht ich mit diesen Worten gemeint habe. Eigentlich müßten Sie das besser wissen, als ich es damals wissen konnte. Ich konnte zur damaligen Zeit ja nur ahnen, daß Gott eingreifen würde. Ich habe fest darauf vertraut, daß Gott uns nicht allein läßt.

Aber Ihr Christen heute glaubt doch daran, daß Jesus von Nazaret dieser Retter Gottes ist, sein Gesalbter, sein Heiland, sein Christus. Auf ihn habe ich gehofft, ihn habe ich erwartet, über ihn habe ich damals so geschrieben:

Denn uns ist ein Kind geboren,
ein Sohn ist uns geschenkt.
Die Herrschaft liegt auf seiner Schulter;
man nennt ihn: Wunderbarer Ratgeber,
Starker Gott, Vater in Ewigkeit,
Fürst des Friedens.

In diesem Kind Gottes, so meine Botschaft der Hoffnung damals wie heute, wird unsere Welt zum Guten verändert. Wenn Menschen sich auf ihn hin ausrichten, dann werden die Spannungen zwischen den Völkern und Rassen überwunden, dann beginnt wirklicher Friede. In einer bildhaften Sprache habe ich diese Gemeinschaft aller Menschen und Völker so ausgedrückt:

Am Ende der Tage wird es geschehen:
Der Berg mit dem Haus des Herrn
überragt alle Hügel.
Zu ihm strömen alle Völker.
Er spricht Recht im Streit der Völker,
er weist viele Nationen zurecht.
Dann schmieden sie Pflugscharen
aus ihren Schwerten
und Winzermesser aus ihren Lanzen.

Gott hat sein Versprechen wahrgemacht. Was ich zur damaligen Zeit gehofft und vorhergesagt habe, das ist in Jesus in Erfüllung gegangen. Man nennt mich deshalb auch einen Propheten, einen Boten Gottes, einen, der Gottes Willen ausdrückt und den Menschen bekanntgibt.

Gott will das Glück und die Freude des Menschen. Er will den Frieden und die Gerechtigkeit. Er will auch jeden von Ihnen zum Glück führen. Das aber bedeutet für jeden einzelnen, für Sie und für mich: Wir sollen uns bereit machen, wir sollen Gottes Licht aufnehmen und weitergeben. Ich habe das den Menschen meiner Zeit so gesagt:

Kommt, wir wollen unsere Wege gehen
im Licht des Herrn.

Ich rufe Ihnen heute zu: Versuchen Sie das in den kommenden Wochen des Advents in besonderer Weise. Seien Sie dafür dankbar, daß Gott Sie nicht allein läßt. Nehmen Sie das Licht Gottes an, und schenken Sie es weiter. Bereiten Sie Jesus einen Weg in Ihre Welt des zwanzigsten Jahrhunderts, dann wird er auch Ihr Gast und Sie mit seiner Liebe, Güte und Menschenfreundlichkeit erfüllen.

Ich wünsche Ihnen und Ihren Familien, daß Sie voll Mut und Hoffnung auf den Wegen Gottes gehen können, in den kommenden Adventswochen und Ihr ganzes Leben lang.

Der Geist Gottes ruhe auf Ihnen!

Ihr *Jesaja*

Johannes der Täufer

2. Advent

Liebe Töchter und Söhne Gottes,
hört mein Wort!

Ich, *Johannes*, den Ihr den Täufer nennt, schreibe Euch einen Brief zum zweiten Advent. Ich spreche dabei eine deutliche Sprache. Schließlich habe ich nie ein Blatt vor den Mund genommen.

Ich sende Euch ein Mahnschreiben zum Advent. Ich tue dies, obwohl Ihr heute natürlich ganz anders lebt als ich damals: in großen Häusern, umgeben von so vielen Dingen, die Euch das Leben leichtmachen, umgeben aber auch von vielem, das Euer Leben laut und oberflächlich werden läßt.

Auch zu meiner Zeit ging es in den Städten und Dörfern laut zu. Ich habe mich deshalb in die Einsamkeit und Wüste zurückgezogen. Ich wollte mit dem ganzen Rummel, dem Lärm, dem Hetzen und dem Durcheinander der Menschen nichts zu tun haben. In der Wüste lebst Du ganz einfach, ruhig und still. In der Wüste kannst Du spüren, was wirklich wichtig ist im Leben. In der Wüste kannst Du Gott spüren.

Nun habt Ihr bei Euch keine Wüsten wie wir in Israel. Doch tut Euch – und das besonders im Advent – ein bißchen mehr Ruhe und Stille gut, ja Ihr braucht Besinnung, wenn Ihr nicht oberflächlich leben wollt.

Manche Leute haben mich nicht verstanden: Guckt Euch diesen Johannes an. Er lebt in der Wüste von Heuschrecken und von wildem Honig. Diese Leute haben nicht kapiert, worum es mir wirklich geht. Durch das einfache Leben in der Wüste habe ich erfahren, was Gott von mir will. Ich habe seine Nähe gespürt, seinen Ruf an mich gehört:

Johannes, geh!
Bereite dem Herrn den Weg!
Ebne ihm die Straßen!

So habe ich – wie der Prophet Jesaja vor mir – zu predigen begonnen: Leute, kehrt um zu Eurem Gott. Laßt ab vom Bösen, und tut das Gute. Jetzt ist die Stunde der Entscheidung. Verpaßt neben den vielen Dingen im Leben nicht das Wichtigste. Überhört im Rummel nicht die entscheidende Stimme. Verpaßt nicht, daß Gott zu Euch kommen will.

Viele Menschen haben damals meine Worte gehört und sich als Zeichen der Buße von mir taufen lassen. Deshalb nennt man mich den Täufer. Andere haben mich gehaßt, weil ich ihnen ihre Schuld vorhielt. Herodes etwa, der mächtige Fürst, hat nicht vertragen, daß ich ihm Ehebruch vorwarf. Deshalb hat er mich ins Gefängnis werfen und mit dem Schwert töten lassen.

Aber jetzt habe ich genug von früheren Zeiten erzählt. Ich will über das sprechen, was bei Euch los ist. Und ich bin tief erschrocken, es ist bei Euch nicht besser als zu meiner Zeit. Und das, obwohl Ihr getauft seid und Euch Christen nennt. Aber habt Ihr wirklich verstanden, was Jesus, der große Gesandte

Gottes, gewollt hat? Also, ich rede Klartext mit Euch. Auch Euch gilt mein Wort:

Bereitet dem Herrn den Weg!

Was das heißt, fragt Ihr. Welchen Weg? Ich kann Euch einige konkrete Beispiele nennen:

Da ist der Weg zum Nachbarn, zum Freund, zum Nächsten. Was gibt es da alles für Zank und Streit, was für vorschnelles Urteil und Gerede, was für Groll und Neid. Da grüßen sich viele nicht mehr, schauen aneinander vorbei, setzen böse Gerüchte in die Welt. So legt Ihr Euch gegenseitig Steine in den Weg und könnt nicht mit frohem Herzen den Herrn aufnehmen. Also los: Räumt die Steine aus dem Weg. Setzt in den kommenden Wochen Zeichen der Versöhnung. Nehmt auch den Menschen an, der anders ist als Ihr. Macht den Weg zum Nächsten frei, dann kann Gott zu Euch kommen.

Da ist der Weg zu den Armen. Wenn ich Eure Wohnungen sehe, die überfüllten Spielzimmer der Kinder, all die technischen Geräte, dann habe ich ein ungutes Gefühl bei all Eurem Reichtum. Denn es gibt doch so viele Arme, hier und überall auf der Welt. Es gibt so viele Menschen, die Hunger leiden, die ihren Kindern nicht das Nötigste geben können, die verzweifelt sind. Bereits damals habe ich den Leuten gesagt:

Wer zwei Gewänder hat,
der gebe eines davon dem, der keines hat.
Und wer zu essen hat, der handle ebenso.

Also werft nicht nur ein »Alibigeldstück« in die Kollekte, sondern helft so, daß Ihr es am eigenen Leib spürt. Nur Teilen schafft Gerechtigkeit und Frieden.

Da ist der Weg zu Gott. Viele, auch von Euch getauften Christen, machen Gott zur Nebensache und ihr Geld, ihren Besitz, ihre Freizeit zur Hauptsache. Sie gehen nicht mehr zum Gottesdienst oder nur noch, wenn sie mal gerade Lust dazu haben. Sie übersehen ihren Nächsten und leben nur für sich. Nein, Christentum ist nicht für zwei Mark fünfzig zu haben. Also los: Räumt auch hier die Steine aus dem Weg. Nehmt den Glauben ernst, nehmt Gott ernst, lebt nicht oberflächlich in den Tag hinein. Sonst ist es einmal zu spät. Gottes Gericht kann für Euch schneller kommen, als Ihr denkt.

Schließlich für alle, die sich bemühen, das Gute zu tun, sage ich: Gebt nicht auf, laßt nicht nach, sondern macht Euch auf den Weg Gottes, jetzt im Advent, aber auch sonst immer wieder. Wer zu Gott gehören will, muß sich auf den Weg machen. Nicht unbedingt in die Wüste, wie ich es getan habe, aber auf den Weg zum Nächsten, zum Armen und zu Gott. Dann kann in Erfüllung gehen, was ich mit Jesaja so gesagt habe:

Alle Menschen werden das Heil sehen,
das von Gott kommt.

Ich wünsche Euch, daß Ihr Christen seid in Wort und Tat. Ich traue Euch eine Menge zu. Also, bereitet dem Herrn den Weg.

Euer *Johannes*

Maria

3. Advent

Liebe Schwestern und Brüder!

Auch ich, *Maria*, möchte Euch Christen einen Brief zur Adventszeit schreiben, obwohl mir das Schreiben gar nicht liegt. Schließlich bin ich nur eine einfache Frau aus dem Volk. Und zu meiner Zeit konnten Mädchen nur selten zur Schule gehen und Schreiben lernen. Doch ich muß Euch einfach von dem erzählen, was mir passiert ist.

Ich bin so voller Freude und Dankbarkeit, daß Ihr daran teilnehmen sollt. Stellt Euch vor, Gott hat an mir armer und einfacher Frau gehandelt. Ich war ihm nicht zu klein für seinen Plan mit den Menschen. Allerdings habe ich sein Handeln nicht sofort verstanden.

Zuerst war ich ganz verwirrt, als ein Engel Gottes zu mir kam und mich ansprach. Ich sollte einen Sohn bekommen, aber nicht von meinem Verlobten Josef, sondern es sollte Gottes Kind sein.

Wie sollte das geschehen? Ich konnte es gar nicht glauben. Aber irgendwie spürte ich bei den Worten des Engels, daß mich eine Kraft ergreift, die größer und mächtiger ist als ich, Gottes lebenschaffender Geist erfüllte mich.

Verwirrt, aber dennoch voller Freude konnte ich ja sagen zu dem, was Gott mit mir vorhatte. Und das war gar nicht einfach: Was sollte ich Josef sagen? Was würden die Leute im Ort von mir denken, wenn ich bereits als Verlobte ein Kind bekäme? Wäre das keine große Schande für mich? Und vor allem: Was würde denn einmal mit meinem Kind, mit diesem Kind Gottes geschehen?

Ich mußte auch immer wieder darüber nachdenken, was der Engel von diesem Kind gesagt hatte: Es soll Jesus heißen, das bedeutet: »Gott hilft, Gott rettet«. Mein Kind soll der Herr sein, der König, der Herrscher, der Retter der Welt. Er soll der Messias sein, der verheißene »Gesalbte Gottes«, der Christus, wie Ihr heute mit einem griechischen Wort sagt.

Als ich meine Verwandte Elisabet besucht habe, da ist mir so richtig klargeworden, was das alles bedeutet: Gott wählt für sein Handeln die Kleinen und Geringen. Er will mit meinem Kind die Welt verändern: Nicht mehr Macht und Gewalt sollen entscheidend sein, sondern Liebe und Frieden. Die Armen und Schwachen werden gestärkt, die Kranken geheilt, die Hungernden gesättigt. Allen Menschen wird Gottes Heil zuteil.

Und ich kleine Frau durfte dabei mitwirken. Gott hat mich ausgesucht, mich erwählt für sein großes Werk. Da konnte ich nur noch froh singen:

Meine Seele preist die Größe des Herrn,
und mein Geist jubelt über Gott,
meinen Retter.
Denn auf die Niedrigkeit seiner Magd
hat er geschaut.
Siehe, von nun an
preisen mich selig alle Geschlechter.

Denn der Mächtige hat Großes an mir getan,
und sein Name ist heilig.

Ich möchte Euch einladen, mit in meinen Jubel einzustimmen. Ihr Christen in Eurem Ort, helft mir, Gott zu danken. Laßt auch Ihr Eure Loblieder erschallen. Dankt Gott, und seid fröhlich. Denn unser Gott ist ein Gott, der die Kleinen und Armen nicht im Stich läßt. Unser Gott ist ein Gott, auf den man sich verlassen kann. Unser Gott ist ein Gott, der uns immer wieder beschenkt. So habe ich damals mein Loblied weitergesungen:

Er erbarmt sich von Geschlecht zu Geschlecht
über alle, die ihn fürchten.
Er vollbringt mit seinem Arm
machtvolle Taten:
Er zerstreut,
die im Herzen voll Hochmut sind;
er stürzt die Mächtigen vom Thron
und erhöht die Niedrigen.
Die Hungernden beschenkt er
mit seinen Gaben
und läßt die Reichen leer ausgehen.

Ich bin so glücklich, daß Gott zu uns hält und uns seine Liebe schenkt. Ich wünsche mir, daß Ihr Euch in Eurem Ort von seiner Liebe anstecken laßt. Macht Euer Herz offen für Gott. Sagt ja zu seinen Plänen, so wie ich damals ja gesagt habe. Vertraut ihm, laßt Euch auf seinen Willen ein, denn er bringt Euch wirkliches Glück – nicht nur an Weihnachten, sondern jeden Tag Eures Lebens.

Daß Gott treu ist, daß er gut zu uns ist, habe ich damals in meinem Lied so ausgedrückt:

Er nimmt sich seines Knechtes Israel an
und denkt an sein Erbarmen,
das er unseren Vätern verheißen hat,
Abraham und seinen Nachkommen auf ewig.

Daß Gott treu zu uns hält, könnt Ihr an meinem Sohn Jesus erfahren. Ich bitte Euch: Haltet fest zu ihm. Laßt nicht nach im Glauben. Laßt nicht nach in der Liebe. Dann werdet Ihr die Güte und das Erbarmen Gottes erfahren, so wie ich seine Liebe jeden Tag aufs neue erfahren habe.

Ich lade Euch ein, dieses Loblied immer wieder zu beten und zu singen. Es soll Euch Christen auszeichnen, daß Ihr Eure Dankbarkeit gegenüber Gott zeigt, jeden Tag Eures Lebens. Denn er und nur er kann Euch das Glück bringen, das Ihr Euch so sehr wünscht und erhofft.

Ich bin Euch sehr verbunden, in diesen Tagen vor Weihnachten besonders, aber auch danach zu jeder Zeit.

Ich grüße Euch in Liebe und Dankbarkeit.

Eure Schwester *Maria*

Josef

4. Advent

Liebe Christen!

Am letzten Adventssonntag, nur wenige Tage vor Weihnachten, bin ich an der Reihe, Euch einen Brief zu schreiben.

Das fällt mir schwer. Ich schreibe eigentlich keine Briefe. Entschuldigt also, wenn es manchmal etwas holprig klingt. Aber Ihr wißt ja, ich habe einen anderen Beruf, als Schreiber zu sein. Ich bin ein Zimmermann. Ich kann den Dachstuhl eines Hauses bauen und auch einen guten Tisch zimmern. Und wenn ich das tue, fühle ich mich wohl. Aber jetzt, beim Briefeschreiben, nicht.

Doch eigentlich brauche ich mich dafür nicht zu entschuldigen. Denn ich bin einfach so, wie ich bin. Und ich bin fest davon überzeugt, daß Gott mich so gewollt hat. Er will mich so, wie ich bin, und nicht anders. Er nimmt mich an mit dem, was ich kann. Er nimmt mich aber auch an mit dem, was ich nicht kann.

Geht Euch das auch so, daß Ihr Euch mit Euren Fähigkeiten, aber auch mit Euren Schwächen von

Gott angenommen wißt? Vertraut ihm Euer Leben an. Vertraut ihm in guten, aber auch in schweren Stunden.

Aber ich will Euch von mir erzählen. Ich weiß noch, wie das war, als Maria mir sagte, daß sie schwanger sei. Ich weiß noch, daß sie mir zu erklären versuchte, daß mit diesem Kind etwas Besonderes ist. Ich muß gestehen, in diesem Augenblick lief es mir eiskalt den Rücken herunter.

Meine Maria, die ich so liebte, bekommt ein Kind von einem anderen! Das konnte ich nicht hinnehmen, schließlich bin ich ein gläubiger Jude. Wir nehmen solche Dinge sehr ernst.

Ich habe gar nicht richtig hingehört, was Maria mir sagte. Vielmehr war ich entschlossen, mich von ihr zu trennen. Ich wollte in unserem kleinen Ort keine große Sache daraus machen. Maria tat mir leid. Aber hinnehmen konnte ich das auch nicht. So ging ich von ihr weg.

Aber wie es so geht: Die ganze folgende Nacht gingen mir Maria und ihr Kind nicht aus dem Kopf. Und auf einmal, es war wie ein Blitz, wie ein leuchtendes Licht. Ich sah etwas und hörte eine Stimme:

Josef, Sohn Davids, fürchte dich nicht,
Maria als deine Frau zu dir zu nehmen;
denn das Kind, das sie erwartet,
ist vom Heiligen Geist.
Sie wird einen Sohn gebären;
ihm sollst du den Namen Jesus geben;
denn er wird sein Volk von seinen Sünden erlösen.
Dies alles ist geschehen, damit sich erfüllte,
was der Herr durch den Propheten gesagt hat:
Seht, die Jungfrau wird ein Kind empfangen,
einen Sohn wird sie gebären,
und man wird ihm den Namen Immanuel geben
– Gott mit uns.

Jetzt wurde mir alles klarer: Gott hat Maria gerufen, einen Dienst zu übernehmen. Gott rief mich ebenso zu einem Dienst. Wir sollten miteinander dieses Kind großziehen, ein Kind, das etwas ganz Besonderes werden sollte. In diesem Kind kommt Gott zu uns Menschen. Durch dieses Kind kann die Welt anders werden.

Eine ungeheure Aufgabe – und doch nur ein Kind. Am nächsten Morgen war mir klar, was ich zu tun hatte. Ich habe mich mit Maria ausgesprochen. Sie hat noch einmal erzählt, daß ihr ein Engel begegnet ist, der ihr den Frieden und die Nähe Gottes zugesprochen habe. Und jetzt verstand ich besser als am Vortag, was unser Auftrag war.

Die folgende Zeit war schwierig. Natürlich blieb die Schwangerschaft Mariens nicht verborgen. Und dummes Gerede gab es damals wie heute: ledige Mutter ... Von unserer Liebe zueinander und vor allem von der Liebe Gottes zu uns haben solche Menschen allerdings keine Ahnung. Wir haben versucht, das Gerede der Leute nicht zu beachten, sondern das zu tun, wozu Gott uns berufen hat.

Schlimm war dann der Weg nach Betlehem, nach meiner Heimatstadt. Eigentlich hätte Maria gar nicht mitgehen dürfen. Aber die Römer können gewalttätig werden, wenn man ihren Anordnungen nicht gehorcht.

Und dann die Nacht der Geburt. Wir hatten in einer Höhle Unterschlupf gesucht, in der sonst Tiere sind. Alle Herbergen waren voll. Aber das machte uns nichts. Wir sind ein einfaches Leben gewohnt. Nur hatten wir Sorgen um das Kind, um unseren Sohn, der sich immer stärker ankündigte.

Dann die Geburt. Und auf einmal war der Stall voller Hirten. Woher die von unserem Kind erfahren hatten? Und dann die Flucht nach Ägypten. Irgendwie kann ich heute gar nicht mehr verstehen, wie wir das alles geschafft haben. Oder doch: Gott war mit uns. Er begleitete uns auf unserem Weg.

Das ist auch mein Wunsch für Euch: Glaubt fest daran, daß Gott mit Euch auf dem Weg ist. Er tut dies in diesem Kind, das Immanuel genannt wird – Gott mit uns. Bindet Euch an Gott, bindet Euch an Jesus, und Ihr werdet Erlösung erfahren. Gott ist Euch nahe und begleitet Euch.

Ich wünsche Euch ein gnadenreiches Weihnachtsfest. Ich wünsche Euch Gottes reichen Segen. Ihn habe ich in meinem Leben erfahren, auch wenn ich nur ein kleiner Zimmermann bin.

Euer *Josef*

Der Engel

Weihnachten

Fürchtet Euch nicht, Ihr Menschen!

Wenn ich jemandem begegne, wenn ich zu einem Menschen spreche oder einen Brief wie diesen schreibe, sind das immer meine ersten Worte: Fürchte Dich nicht!

Menschen nämlich erschrecken immer, wenn sie spüren, daß ihnen ein Bote Gottes begegnet, wenn sie auf irgendeine Weise dem Geheimnis Gottes gegenüberstehen. Menschen erkennen dann ihre Ohnmacht gegenüber der Größe Gottes, und so geraten sie in Furcht.

Dabei hätten sie allen Grund zur Freude, wenn ihnen Gott begegnet, wenn sie die Nähe Gottes spüren. Gott nimmt sie und ihr Leben ernst, Gott begleitet sie in guten und schweren Stunden ihres Lebens. Gott ist ein »Gott-mit-uns«, das versuche ich den Menschen zu vermitteln, wenn ich ihnen eine Botschaft überbringe.

Also erschreckt auch Ihr nicht, Ihr Menschen des zwanzigsten Jahrhunderts, wenn ich Euch diesen Brief schreibe. Auch Euch habe ich eine Botschaft von Gott auszurichten. Es ist wiederum eine Botschaft der Freude.

Gott ist auch Euch nahe. Ihr lebt nicht in einer gottverlassenen Welt, sondern Gott ist immer schon bei Euch. Allerdings ganz anders, als es viele vermuten. Verborgen und geheimnisvoll trägt er Euer Leben und begleitet Euch. Darauf könnt Ihr vertrauen. Warum Ihr dies könnt, fragt Ihr? Ich will Euch von damals erzählen, und das kann Euch eine Hilfe sein.

Euer Leben ist ganz verschieden vom Leben damals in Israel. Maria und Josef, die Hirten und all die anderen würden sich bei Euch nicht zurechtfinden. Der Verkehr, Eure Wohnungseinrichtungen, Telefon, Fernsehen, all die vielen Dinge, die Euer Leben jeden Tag prägen. Aber dennoch, trotz aller Unterschiede: Das Leben der Menschen damals wie auch heute ist von den gleichen Dingen geprägt: von Freude und Leid, von Hoffnung und Enttäuschung, von Geburt und Tod, von Liebe und Verzweiflung, von Licht und Dunkelheit. Und damals wie heute haben die Menschen die gleichen Fragen: Woher kommt unser Leben? Wozu leben wir? Wohin gehen wir, was ist unser Lebensziel?

Genau an dieser Stelle setzte meine Aufgabe damals auf dem Feld ein. Ich sollte zu Hirten sprechen. Das waren einfache, ja derbe Leute, Unterschicht würde man heute sagen. Von vielen wurden sie nicht geachtet. Man hielt sie für Gauner, weil sie vielleicht hier und da ein Schaf als Spießbraten verwandten und ihrem Herrn etwas von Wölfen erzählten.

Aber die Hirten waren Menschen wie Ihr. Mit den gleichen Fragen. Mit den gleichen Sorgen und Freuden, mit Hoffnungen und mit Trauer, wie Ihr sie auch empfindet. Und es waren – wie Ihr heute – von Gott geliebte Menschen. Ihnen hatte ich eine Botschaft zu bringen, die ihr Leben verändern sollte. Ich sollte ihnen den Heiland und Retter verkünden. Ich sollte ihnen begreiflich machen, daß alle ihre Hoffnungen sich in einem kleinen Kind erfüllen. Ein Kind Gottes, ohnmächtig und schwach, aber dennoch die Brücke zwischen Gott und Menschen, die Hoffnung der ganzen Erde.

So habe ich diesen Männern auf dem Feld meine Botschaft verkündet:

Fürchtet euch nicht,
denn ich verkünde euch eine große Freude,
die dem ganzen Volk zuteil werden soll.
Heute ist euch in der Stadt Davids
der Retter geboren;
er ist der Messias, der Herr.
Und das soll euch als Zeichen dienen:
Ihr werdet ein Kind finden,
das, in Windeln gewickelt, in einer Krippe liegt.

Die Hirten haben vielleicht nicht sofort verstanden, was ihnen gesagt wurde. Aber sie machten sich sofort auf den Weg. Sie suchten das Kind und fanden es. Sie suchten den Retter und fanden ihn. Sie suchten Licht für ihr Leben und fanden es.

Das war und ist meine Aufgabe: Menschen anzustoßen, sie auf den Weg zu bringen, der zum Heil führt, sie aufzurütteln und ihnen Mut zu machen. Und damit bin ich wieder bei Euch. Auch Ihr braucht neuen Mut. Ihr müßt Euch neu auf den Weg machen. So vieles in Eurer Zeit und auch in Eurer Kirche erscheint trostlos, oft so sehr, daß Ihr Euch gottverlassen fühlt. So viele gehen traurig und ohne Hoffnung weg.

Ich aber möchte Euch Mut machen. Ich möchte Euch sagen, daß Ihr Gott auch in Eurer Zeit finden könnt. Macht Euch auf den Weg. Sucht das Kind, und Ihr werdet den Retter finden, den Heiland, das Licht der Welt. Ihr werdet durch dieses Kind Sinn für Euer Leben finden. Euch wird neue Hoffnung geschenkt. Ihr könnt im Vertrauen wachsen, daß Ihr, jeder einzelne von Euch auf seine ganz persönliche Weise, von Gott geliebt seid.

Fürchtet Euch nicht,
denn ich verkünde Euch eine große Freude.

So möchte ich Euch heute, am Weihnachtsfest, zurufen. Es ist die Freude, daß Gott in Eure Dunkelheit Licht bringt, in Eure Zwietracht Versöhnung, in Euren Kummer Glück, in Eure Kälte Liebe, in Euren Tod neues Leben. So feiert voller Freude das Kind Gottes, das Ihr den »Christus« nennt, den Gesalbten und Gesandten Gottes. So feiert das Kind, nach dem Ihr Euch als Christen benennt.

Wenn Ihr so feiert, dann werdet Ihr ahnen, was unser Lobruf bedeutet:

Verherrlicht ist Gott in der Höhe,
und auf Erden ist Friede
bei den Menschen seiner Gnade.

Ich wünsche Euch die Freude der Weihnacht. Ich wünsche, daß Ihr Euch diese Freude bewahren könnt, nicht nur heute, sondern alle Tage Eures Lebens. Fürchtet Euch nicht, sondern hört auf mein Wort.

Der Engel vom Hirtenfeld

Stephanus

26. Dezember

Schwestern und Brüder!

Ich weiß, ich verderbe Euch ein wenig die Weihnachtsstimmung. Ihr seid noch ganz gefangen von der Feier in Eurer Familie, von Krippe und Baum, von Weihnachtsgeschichte und Weihnachtsliedern. Eure Kinder probieren noch die neuen Spielsachen aus, die sie vorgestern geschenkt bekamen. Und dann platzt mitten in solche Weihnachtsstimmung der Bericht, wie der fanatische Mob mich damals lynchte und mit Steinen erschlug. Frohe Weihnachten.

Ich will Euch mit diesem Brief erklären, daß ich durchaus etwas mit Weihnachten zu tun habe. Ich will Euch zu einem neuen Blick verhelfen. Ich möchte dazu beitragen, daß Ihr eine ebenso tiefe Bindung an Jesus erhaltet, wie ich sie damals haben durfte. Also, seid nicht ungehalten über mich Störenfried, sondern überlegt doch einmal:

Was feiert Ihr eigentlich an Weihnachten? Ein kleines Kind in der Krippe? Das ist richtig, und in diesem Kind scheint etwas von Gott auf. Daß er in unserer Welt oft genug so unscheinbar und ohnmächtig ist wie ein kleines Kind. Daß er nicht mit Macht daherkommt und alles, was ihm entgegensteht, zerschlägt. Daß er Geduld hat und Euch Freiheit läßt. Daß er sich von Euch so lieben lassen möchte, wie ein kleines Kind von seinen Eltern geliebt wird. Das alles dürft und sollt Ihr mit dem Kind in der Krippe verbinden.

Aber das ist doch wohl nicht alles, was Weihnachten, was das Kommen Jesu zu uns ausmacht. Wir feiern in Jesus doch nicht allein ein Kind, sondern wir feiern den Menschen Jesus, der als der Christus Gottes seinen Weg ging bis zum Kreuz. Den also feiern wir, der Gottes Menschenfreundlichkeit und Nähe in seinem ganzen Leben deutlich machte. Von ihm heißt es in der Schrift:

Der Geist des Herrn ruht auf mir;
denn der Herr hat mich gesalbt.
Er hat mich gesandt,
damit ich den Armen
eine gute Nachricht bringe;
damit ich den Gefangenen
die Entlassung verkünde
und den Blinden das Augenlicht;
damit ich die Zerschlagenen in Freiheit setze
und ein Gnadenjahr des Herrn ausrufe.

Dafür hat dieser Jesus sein Leben eingesetzt. Das macht ihn zum Vorbild für mich und auch für Euch. Weil ich in ihm Gott begegne, deshalb bekenne ich mich zu ihm. Deshalb hielt ich treu zu ihm – bis zum bitteren Ende.

Zu diesem Jesus aber gehören Krippe *und* Kreuz, die Freude der Weihnacht ebenso wie das Leiden des Kreuzwegs. Doch alles wird gekrönt vom Eingreifen Gottes, der seinen Christus nicht im Tod ließ, sondern ihn zu neuem Leben erweckte.

Bleibt mit Eurem Blick auf Jesus also nicht beim kleinen Kind hängen. Seht den Menschen, der die Botschaft vom guten Gott verkündete, der den Kranken und Armen, den Sündern und Ausgestoßenen nahe war. Seht den, der seinem Auftrag konsequent treu blieb bis zum Tod.

Ich habe versucht, ebenso konsequent zu leben und zu handeln. So mußte auch ich Verfolgung erleiden. So hatte auch ich einen Kreuzweg zu gehen. In dieser so schrecklichen Todesstunde, mitten in der größten Angst, da erfuhr ich etwas, über das ich nur stammelnd sprechen kann. Aber ich will es versuchen, damit auch Ihr den Mut gewinnt, den Weg, den Gott Euch bestimmt hat, mit gleicher Konsequenz zu gehen.

Ich erfuhr, daß gerade in der größten Not, im tiefsten Leid, in der entsetzlichen Angst der Herr am nächsten ist. Wie ein Licht erstrahlte vor meinen Augen Jesus, das Licht der Welt. So rief ich mit letzter Kraft:

Ich sehe den Himmel offen
und den Menschensohn
zur Rechten Gottes stehen.

Nie war ich tiefer dem Herrn verbunden als in dieser Stunde. Sein Kreuz gewann für mich eine ganz neue, eine mich persönlich betreffende Bedeutung. Als die Steine mich trafen, war es so, als hinge ich mit ihm am Kreuz. Aber über dem Kreuz erschien mir die Herrlichkeit Gottes. Sie gab mir Kraft selbst in dieser Stunde. Ich erkannte in diesem Augenblick: Gott wird das Böse zum Guten wenden. Und weiter: Unser Leben wird vollendet in ihm.

Das möchte ich auch Euch in Eurer ganz anderen Zeit und Kultur sagen. Seht beides: die Freude über das Kind in der Krippe und den Schmerz über den Kreuzweg. Nehmt beides in Euer Leben auf. Bindet

Euch an den Herrn in guten und in schweren Stunden, in Freude und Leid, in Gesundheit und Krankheit. Auch Ihr werdet ein Kreuz zu tragen haben, jeder auf seine Weise. Aber vertraut darauf: Hinter jedem Kreuz steht das Licht Gottes, steht die Herrlichkeit der Auferweckung und des vollendeten Lebens in der Gemeinschaft mit dem Herrn.

Ich, *Stephanus*, habe also durchaus etwas mit Weihnachten zu tun. Krippe und Kreuz, Freude und Leid gehören beide zu Weihnachten, wenn man dieses Fest nicht oberflächlich feiert, sondern den Dingen auf den Grund geht.

Ich bin Euch in der Gemeinschaft der Kirche über die Jahrhunderte hinweg und über die Grenzen der Völker hinweg verbunden. Ich wünsche Euch zum Ausklang des Weihnachstfestes, daß Ihr Euch immer fester an Jesus bindet, der durch seinen Weg von der Krippe zum Kreuz zum Retter wurde, zur Hoffnung der ganzen Welt.

In Verbundenheit

Euer *Stephanus*

Die Magier

Erscheinung des Herrn

Ihr Menschen im Westen, seid gegrüßt!

Bevor wir wieder in unsere Heimat im fernen Osten zurückkehren, wollen wir es nicht versäumen, Euch einen Brief zu schicken. Wir tun dies voller Hochachtung, denn was wir nur geahnt haben, das ist – so sagt man uns – die Grundlage Eures Lebens und Glaubens: Dieses Kind in der Krippe, dem wir begegnet sind, ist der König der ganzen Welt, der Herr aller Völker in Ost und West, die Hoffnung der Menschen.

Seid also gegrüßt, die Ihr an diesen Christus glaubt. Durch dieses Kind sind wir über die Zeiten der Geschichte und die Regionen der Erde hinweg miteinander verbunden. Somit wollen wir Euch von dem berichten, was wir erlebt haben, wie wir dieses Kind erfahren haben. Wir würden uns freuen, von Euch zu hören, ob solche Erfahrungen Eurem Glauben entsprechen.

Begonnen hatte alles mit einem Stern. Das ist für uns nichts Ungewöhnliches. Wir beobachten viele Sterne. Und wir wissen auch viel über ihren Lauf durch das große Weltall. Wir glauben, daß man an den Sternen manches erkennen kann, was das Leben der Menschen betrifft. Wo immer auf der Erde etwas Besonderes geschieht, spiegelt sich das im Lauf der Sterne wider. Die kleine Erde und das große All gehören zusammen, weil Gott die Ursache von allem ist, weil er das tiefste Geheimnis von Menschen, Erde und Weltall ist. Aber damit sagen wir Euch wohl nichts Neues, Ihr bekennt ja Gott als den Schöpfer von Himmel und Erde.

Am Anfang also ein Stern, allerdings ein besonderer Stern. Das haben wir gleich gespürt. Uns ergriff eine seltsame Aufregung und Unruhe. Wir konnten einfach nicht sitzen bleiben. Wir spürten, dieser Stern führt uns zum tiefsten Ereignis unseres Lebens. Dieser Stern führt uns zum Herrn der Welt.

Wir haben uns auf den Weg gemacht. Es war ein weiter Weg. Wenn man dem Geheimnis des Lebens auf den Grund gehen will, ist das immer ein weiter Weg, eine ungeheure Anstrengung, ein langes Mühen. Aber auf diesem Weg waren wir ja nicht allein, der Stern begleitete uns. Er war für uns ein Stern der Hoffnung und der frohen Erwartung.

Bis wir ihn – in Jerusalem angekommen – nicht mehr sahen. Aber das war auch klar. In diesem Getümmel und dieser Unruhe, in dieser Stätte von Macht und Gewalt, von Soldaten und einem verbrecherischen König, da hatte ein solcher Stern keine Chance. Das spürten wir sogleich. Dennoch, wir wollten weiterkommen, so fragten wir diesen Herodes:

Wo ist der neugeborene König der Juden?
Wir haben seinen Stern aufgehen sehen
und sind gekommen, um ihm zu huldigen.

Dieser Fuchs tat ganz fromm und meinte, auch er wolle diesem Kind huldigen. Aber wir merkten, was er wirklich vorhatte. Seine Priester allerdings, genauso verschlagen wie er, gaben uns den entscheidenden Hinweis auf Betlehem. So machten wir uns wieder auf den Weg.

Und siehe, der Stern war wieder da. Er führte uns zu einem Stall. Ein neugeborenes Kind war darin und seine Mutter. Von diesem Kind ging ein Leuchten aus, ein Strahlen, das nicht mit den Augen, sondern nur mit dem Herzen zu vernehmen ist: Dieses Kind ist Licht für die ganze Welt.

Wir hatten unser Ziel erreicht. Ergriffen konnten wir uns nur still verneigen und unsere Geschenke hinstellen. Ihr glaubt nicht, welch ein Gefühl das war, vor diesem königlichen Kind zu knien. Oder doch: Eigentlich müßtet Ihr das doch verstehen können, wo Ihr den Herrn immer wieder neu erfahren könnt. Uns jedenfalls klangen die Worte der Jerusalemer Priester im Ohr:

Du, Betlehem im Gebiet von Juda,
bist keineswegs die unbedeutendste
unter den führenden Städten von Juda;
denn aus dir wird ein Fürst hervorgehen,
der Hirt meines Volkes Israel.

Dieses Kind war die Erfüllung unseres Lebens, ihm zu begegnen die größte Erfahrung, die wir je machten. Das alles bestimmte von nun an unser Leben, auch wenn wir uns bereits am nächsten Morgen auf den Heimweg nach Osten machten.

Ihr Menschen im Westen, wir glauben, daß Ihr ähnliche Erfahrungen mit diesem Kind macht. Ihr könnt dieses Geschehen in Eurer Zeit ja noch tiefer verstehen als wir. Schließlich hört Ihr immer wieder davon, wie die Geschichte dieses Kindes weitergegangen ist. Wir konnten nur ahnen, daß aus diesem Kind etwas Großes würde. Ihr aber habt in den Schriften niedergelegt, was aus diesem Kind werden sollte, als es erwachsen war: ein Mann, der die Liebe und Güte Gottes aufstrahlen ließ, einen Mann, der sich hingab bis zum Tod, einen Mann, der die Tür zum Geheimnis des Lebens ist.

Wir, die *Magier* aus dem Osten, wünschen Euch, den Menschen im Westen, daß Ihr Euch mit ganzem Herzen an dieses Kind bindet. Ihr bringt nicht Gold, Weihrauch und Myrrhe, aber Ihr könnt Euer Leben bringen. Ihr könnt Euch einlassen auf die Botschaft dieses Königs der Welt. Ihr könnt zu seiner Familie gehören, in der die Schranken von Rasse, Geschlecht und sozialem Stand keine Rolle mehr spielen sollen.

Ihr könnt in ihm Euer Glück erfahren. Wir haben das erleben dürfen. So sind wir Euch zutiefst verbunden.

Die Magier aus dem Osten

Simeon

Darstellung des Herrn

Liebe Knechte und Mägde des Herrn!

Gestattet, daß ich Euch einen Brief schreibe. Ich bin ein alter Mann, das Leben liegt hinter mir, ich habe den Tod vor Augen. Vielleicht ist dieser Brief sogar mein letzter, mein Testament also. Beachtet ihn bitte deshalb besonders. Das, was ich erlebt habe, kann und soll ebenso für Euer Leben bedeutsam sein.

Ich bin ein frommer Jude. Wie viele meiner Volks- und Glaubensgenossen versuche ich, den Willen des Herrn zu erkunden und in mein Leben zu übertragen. Ich versuche, ganz nach dem Gesetz des Höchsten zu leben. Ich weiß, daß er uns zugewandt ist, daß er seinen Bund mit uns treu hält. Ich weiß, daß er Israel retten wird, und versuche, mich darauf voll Freude und Hoffnung auszurichten: Gott wird kommen. Er wird den Retter senden, wie es bereits im Buch Jesaja heißt:

Doch aus dem Baumstumpf Isais
wächst ein Reis hervor,
ein junger Trieb aus seinen Wurzeln
bringt Frucht.

Für mich verbindet sich diese Hoffnung mit dem Tempel in Jerusalem. Dort ist der Ort, wo die Gegenwart des Herrn zutiefst spürbar ist. Dort ist der Ort, wo auch mein Leben seine Erfüllung und seinen Abschluß finden soll. Wenn ich ins Reich der Toten eingehe, dann soll das an diesem Ort geschehen, wo ich mit dem Retter Israels verbunden bin. Ich glaube aber, daß ich nicht eher sterben werde, bis ich den versprochenen Messias gesehen habe.

So lebe ich bereits seit einiger Zeit in der Nähe des Tempelgeländes. Jeden Tag gehe ich die wenigen Schritte in den Tempel, um dort zu beten, vor allem aber dem Höchsten nahe zu sein. So war es auch heute, obwohl – irgendwie war es bereits vom frühen Morgen an anders als sonst.

Ich fühlte mich gedrängt, früher als sonst zu gehen. Eine innere Stimme sagte mir: Geh jetzt, heute wirst du das Heil Israels sehen. Ich konnte das heute morgen noch nicht verstehen, aber ich ließ mich von dieser Stimme führen wie ein Kind. So wurde der heutige Tag zum wichtigsten in meinem Leben.

Ein Kind war es, ein Neugeborenes, das mich so ergriffen hat, daß ich Euch diesen Brief schreibe. Dabei ist gar nichts Ungewöhnliches daran, daß im Tempel Kinder sind. Jeden Tag kommen viele junge Eltern mit ihren Neugeborenen, mit den Erstgeborenen, um sie segnen zu lassen und die vorgeschriebenen Opfer zu bringen.

Dieses Kind aber, so begriff ich sofort, war anders. Es ging ein Strahlen von ihm aus, eine tiefe Kraft, eine Ausstrahlung, die ich noch nie bei einem Menschen erlebt habe. Und das bei einem Kind! In diesem Augenblick wurden alle meine Vorstellungen vom Messias umgestoßen. Bisher hatte ich mir den versprochenen Retter als machtvollen König vorgestellt, der unser Land von den Römern befreien und das Gesetz des Höchsten wiederherstellen würde. Aber jetzt durchfuhr mich wie ein Blitz der Gedanke: Das hier, dieses kleine Kind, das von seinen Eltern auf den Armen getragen wird, das ist der Messias. Ich konnte nicht anders, ich nahm das Kind in die Arme, hob es mit meiner schwachen Kraft dem Herrn der Himmel entgegen und pries den Höchsten mit den Worten:

Nun läßt du, Herr, deinen Knecht,
wie du gesagt hast, in Frieden scheiden.
Denn meine Augen haben das Heil gesehen,
das du vor allen Völkern bereitet hast,
ein Licht, das die Heiden erleuchtet,
und Herrlichkeit für dein Volk Israel.

Ihr könnt Euch vorstellen, daß die jungen Eltern dieses Kindes sprachlos waren. Ich selber war ja auch überrascht über meine Worte. Und ich spürte noch mehr in mir. Wenn der Messias wirklich ohne Macht kommt, wenn er ein ohnmächtiges Kind ist, dann muß er durch viel Leid und Not hindurchgehen. Nicht jeder in Israel wird an ihn glauben. Zu viele haben andere Vorstellungen vom Messias. Es wird Widerstand gegen ihn geben. Das sah ich ganz deutlich. So wollte ich die junge Mutter trösten und auf diesen Weg vorbereiten. Ich sagte zu ihr:

Dieser ist dazu bestimmt,
daß in Israel viele durch ihn zu Fall kommen
und viele aufgerichtet werden,
und er wird ein Zeichen sein,
dem widersprochen wird.
Dadurch sollen die Gedanken vieler Menschen
offenbar werden.
Dir selbst aber wird ein Schwert
durch die Seele dringen.

Nach diesen Worten gab ich ihr das Kind zurück.

Schon bald trennten sich unsere Wege. Ich aber war voll Glück. Der Höchste hatte mir geschenkt, den Messias zu sehen. Nun kann ich beruhigt sterben. Ich weiß von der Rettung Israels, aber ich spüre auch, daß dieses Kind ebenso den anderen Völkern Heil bringen wird.

Damit bin ich wieder bei Euch, Ihr Menschen des zwanzigsten Jahrhunderts. Auch für Euch ist dieses Kind, ist der Messias da. Auch Euch bringt er Rettung und Heil, auch Euch ist er Licht für Euer Leben. Das aber kennt noch eine andere Seite: Auch Ihr seid gerufen, Euch zu entscheiden, für oder gegen dieses Kind, für oder gegen den Glauben an ihn.

So bitte ich alter Mann Euch – und das ist das letzte, was ich sagen kann: Laßt Euer Leben von diesem Kind bestimmen. Öffnet Euer Herz für ihn. Kommt nicht zu Fall, sondern laßt Euch von ihm aufrichten und das Heil schenken.

Das wünsche ich Euch von ganzem Herzen.

Euer *Simeon*

Adam

1. Fastensonntag

Liebe Adams!

Überrascht wegen der Anrede? Und die Frauen ein wenig zornig wegen der Vereinnahmung in eine männliche Rolle? Dennoch: Ihr alle seid Adams, oder richtiger gesagt: Adam. Das ist nämlich kein Name wie Theo oder Elisabeth. Adam bedeutet die Menschheit, die Menschen überhaupt, an jedem Ort, zu jeder Zeit, in jeder Kultur und Religion. Also auch Ihr, Ihr Adams.

Damit sind wir gleich bei dem großen Mißverständnis, das bei vielen Leuten Eurer Zeit herrscht, wenn sie meinen Namen hören. Erzählungen von Adam, das sind doch so alte Märchen der Bibel. Wer soll heute noch glauben, daß es bei den ersten Menschen so zugegangen ist? Das kann man doch keinem modernen Menschen mehr zumuten!

Stimmt! Der Meinung bin ich auch. Man kann keinem modernen Menschen zumuten, die Erzählungen in den ersten Kapiteln der Bibel als geschichtliche Berichte zu lesen, etwa unter der Fragestellung: Wie ist es am Anfang gewesen? Was ist damals geschehen? Wie sind die *ersten* Menschen geworden?

Es geht gar nicht um die ersten Menschen. Mit meinem Namen, mit *Adam*, verbindet sich etwas ganz anderes. Es geht um viel grundlegendere Dinge, es geht um das, was Menschsein ausmacht, heute und zu jeder Zeit, bei Euch und an jedem Ort, für Euch »aufgeklärte« Europäer und für Menschen aller Kulturen, für Euch Christen und für die Menschen aller Religionen. Ich möchte Euch das deutlich machen.

Da heißt es in der Schrift:

Da formte Gott, der Herr, den Menschen
aus Erde vom Ackerboden
und blies in seine Nase den Lebensatem.
So wurde der Mensch
zu einem lebendigen Wesen.

Manche von Euch stellen sich Gott deshalb vor wie ein Kind, das, in einem Sandkasten sitzend, Kuchen in Förmchen backt. Dabei bedeuten diese Sätze doch die Grundlage menschlichen Lebens: Der Mensch, die Menschheit hat ihren Ursprung in Gott. Die Menschen entstammen nicht irgendeinem Zufall, sind nicht Zufallsprodukte einer Kette natürlicher Entwicklungen, sondern von Gott gewollt und geliebt. Der Anfang des Menschen liegt ebenso in Gott wie das Ziel seines Lebens.

Wie dieser Anfang im einzelnen vor sich ging, darüber will und kann die Bibel nichts sagen. Sie ist doch kein naturwissenschafliches Lehrbuch. Vielleicht ist es so geschehen, wie Eure Wissenschaftler sagen. Evolution nennen sie es, Entwicklung des Lebens von einfachsten zu immer komplizierteren Formen. Und der Mensch als Höhepunkt dieser Entwicklung, die allerdings noch keineswegs abgeschlossen ist.

Wie gesagt, das »Wie« der Schöpfung ist nicht aus der Bibel zu entnehmen. Da müßt Ihr Euren Verstand selber anstrengen und die Natur und das Leben erforschen. Für die Bibel und damit für den Glauben der Menschen ist das »Daß« entscheidend: Welt und Menschen stammen aus Gott, Welt und Menschen leben in Gott, Welt und Menschen gehen zu Gott.

Noch ein anderer Gedanke ist bei dem Satz der Bibel wichtig, den ich Euch genannt habe: Der Mensch ist dem Ackerboden, der Erde, entnommen. Der Mensch hat eine Beziehung zu Gott, aber er hat ebenso eine Beziehung zur Erde. Er gehört zu ihr, er ist ein Teil des Lebensnetzes der Erde. Und das hat Konsequenzen: Er ist für die Erde und das Leben darauf verantwortlich. Nichts anderes meint jener Satz im ersten Kapitel der Bibel:

Seid fruchtbar, und vermehrt euch,
bevölkert die Erde, unterwerft sie euch,
und herrscht über die Fische des Meeres,
über die Vögel des Himmels und
über alle Tiere, die sich auf dem Land regen.

Als die Priester am Jerusalemer Tempel mit diesen Sätzen ihren Glauben an Gott ausdrückten, da bedeutete das Wort »herrschen« für sie die Herrschaft eines von Gott gesandten Königs. Wie ein guter Hirt soll er herrschen, für die ihm Anvertrauten sorgen, ihr Leben fördern und schützen, ihnen helfen in jeder Weise.

Der Mensch also von Gott gewollt und der Erde verbunden, der Mensch also als Kind Gottes und als Hüter der Erde – das bedeutet für uns Menschen viel. Auch für Euch heute in Mitteleuropa.

Laßt Euch durch diese alten Texte der Bibel in Eurem Glauben an Gott stärken. Er ist der Anfang, auch Eures Lebens, und zugleich ist er das Ziel Eures Lebens. Richtet Euch also auf ihn hin aus. Denkt daran, daß er der Mächtige ist, daß Ihr nicht allein aus eigener Kraft und Vollkommenheit leben könnt. Ich habe damals diesen Fehler gemacht und gemeint, von Gott unabhängig leben zu können. Nichts als eine Geschichte der Angst und der Gewalt ist dabei herausgekommen, über die ich Euch viel sagen könnte. Aber das überlasse ich lieber meiner Frau, der Eva, im nächsten Brief.

Vielmehr bitte ich Euch aus ganzem Herzen: Denkt auch an den zweiten Punkt: Schützt und bewahrt die Erde. Ihr seid, so wie Ihr lebt, in großer Gefahr. Ihr seid in Gefahr, das Fundament Eures Lebens zu verlieren, die Bindung an Gott und die Gesundheit der Erde, die Ihr schützen solltet, damit sie Euch schützt.

Nichts für ungut, wenn ich Euch das alles deutlich sage. Aber ich habe so meine Erfahrungen gemacht. Schließlich bin ich ja auch nur ein Mensch, einer von vielen, einer von Euch.

Mit guten Grüßen

Euer *Adam*, der Mensch

Eva

1. Fastensonntag

Liebe Mitmenschen!

Viele Menschen Eurer Zeit und Kultur spielen bereits verrückt, wenn sie Adam, den Namen meines Mannes, hören, und stellen sich ganz seltsame Dinge vor. Aber wenn sie meinen Namen hören, rasten sie ganz aus. Am leichtesten ertrage ich noch die vielen Witze, die – ob stubenrein oder nicht – über die Rippe gemacht werden. Richtig wütend werde ich aber, wenn die Geschichten von Adam und Eva am Anfang der Bibel dazu mißbraucht werden, die Unterordnung der Frau unter den Mann zu beweisen. Als ob das der Sinn dieser alten Texte wäre.

So schreibe ich mit großem Engagement diesen Brief an Euch. Ich will dabei an dem ansetzen, was Adam, mein Mann, Euch bereits geschrieben hat. Aber zuerst noch etwas zu meinem Namen. Daß Ihr mit dem Namen »Adam« selbst gemeint seid, Ihr Menschen, werdet Ihr wohl spätestens nach dem Brief meines Mannes verstanden haben. Ebenso habt Ihr aber auch etwas mit mir zu tun. *Eva* heißt nämlich »die Lebendige, die Lebenspendende, die

Mutter allen Lebens«. Hier müßte sich jede Frau angesprochen fühlen. Jede ist gemeint, gleich ob sie Kinder geboren hat oder nicht. Aber auch Ihr Männer steht nicht draußen. Auch von Euch kommt das Leben. Was also in den Texten der Bibel über mich berichtet wird, ist damit genauso über Euch berichtet. Ihr seid gemeint, Ihr Menschen, Ihr Mütter und Väter des Lebens, die Ihr das Leben weitergebt von Generation zu Generation.

Aber nun zur wirklichen Bedeutung der Rippe in dieser alten Geschichte. Dazu müßt Ihr vom zwanzigsten Jahrhundert aus zunächst einmal einen Zeitsprung machen ins zehnte Jahrhundert vor Christus. Dazu noch einen Ortswechsel von Mitteleuropa zum Nahen Osten. Und das bedeutet einen Sprung in eine andere Kultur. Die Frau galt damals gar nichts. Sie war nur ein Besitzstück des Mannes, wie ein Kleiderschrank oder ein Kamel, man betrachtete sie nicht als einen vollwertigen Menschen. So war die Frau dem Mann »untertan«. Sie hatte ihm zu gehorchen, und wenn ihr Mann starb, verlor sie alles.

Damals haben Menschen, zuerst sicher die Frauen, aber dann auch einige vernünftige Männer, gemerkt, daß eine solche Ordnung nicht dem Willen Gottes entsprechen kann. Sie haben versucht, in ihrer bildhaften orientalischen Sprache auszudrükken, daß alle Menschen, Männer wie Frauen, ihren Anfang in Gott haben, von Gott geschaffen und geliebt sind.

Ergebnis war die Erzählung von der Rippe: Auch die Frau entsteht durch das Wirken Gottes. Auch die Frau kann sich wie der Mann auf die Erschaffung durch Gott berufen. Auch die Frau hat den gleichen Wert wie ein Mann.

Eine solche Aussage war damals eine Revolution. Und natürlich haben nicht alle Männer das annehmen können. Mal ehrlich: Tun das alle bei Euch? Und leben sie wirklich so, daß man an ihnen erkennen kann, daß Frauen und Männer den gleichen Wert haben? Haltet mal ein wenig Gewissenserforschung. Wenn Ihr in den Spiegel schaut, braucht Ihr weniger über das Verhalten anderer Völker und Kulturen zu lästern.

Mit dieser bildhaften Erzählung von der Rippe entstand aber ein anderes Problem: Wenn Frauen und Männer von Gott geschaffen und vor Gott gleich sind, woher kommen dann die Ungleichheit und Unterdrückung, woher kommt die Ungerechtigkeit, mit der Frauen damals – aber doch in vielem auch bei Euch, schaut Euch nur mal in Eurer Kirche um – behandelt wurden und weiterhin werden?

Wiederum versuchte man mit einer bildlich zu verstehenden Erzählung aufzuzeigen, woher die Schuld des Menschen kommt, woher aller Unfrieden und alle Ungerechtigkeit und das dadurch entstehende Leid. Das ist die Geschichte vom Fall des Menschen, vom Baum und seiner Frucht, von der Schlange und von dem, was ich und Adam (in dieser Reihenfolge, ich konnte damals eigenständig handeln und entscheiden!) getan haben. Es ist eine Geschichte, für die ich mich heute im Rückblick schäme. Wir haben beide den Boden unter den Füßen verloren, wir haben die Beziehung zu Gott, dem Grund unseres Lebens, aufs Spiel gesetzt, wir haben gemeint, aus eigener Kraft leben zu können, ihn nicht nötig zu haben. So haben wir uns ins Verderben gestürzt.

Ihr wißt, wie das alles weiterging, wie eine Geschichte des Leides und des Todes entstand, bis daß alles in den Chaoswassern unterging. Aber Gott schützte uns immer wieder neu. Er begann immer wieder neu mit uns und half uns Menschen. Doch das sind ganz andere Geschichten, darüber sollen andere schreiben.

Ich möchte nur noch einmal an die Sache mit den Frauen erinnern. Die Geschichte mit der Rippe steht also gegen alle Unterdrückung der Frauen. Und wer uns heute nicht gerecht behandelt, wer daran zweifelt, daß Gott uns mit gleichem Wert geschaffen hat wie die Männer und daß er uns genauso nahe ist wie ihnen (und wir sind Gott ebenso nahe wie die Männer – lest das auch einmal so!), der ist so ein alter Orientale, der den Willen Gottes nicht richtig verstanden hat.

Wenn Ihr in Eurer Kultur diese alten Texte lest, dann lest sie bitte richtig. Und mehr noch: Versucht, danach zu leben. Versucht, Gottes Willen zu tun. Das heißt: Versucht, uns Frauen ernst zu nehmen, uns die gleichen Chancen zu geben, uns Gerechtigkeit widerfahren zu lassen. Das gilt für Eure Politik und Eure Wirtschaft, für Eure Kultur, aber vor allem für Eure Kirche. Schließlich wollt Ihr Christen Euch doch an Gottes Willen ausrichten. Also tut es endlich.

Eure manchmal zornige *Eva*

Abraham

2. Fastensonntag

Ihr Glaubenden des zwanzigsten Jahrhunderts!

Groß vorzustellen brauche ich mich wohl nicht, denn jeder von Euch wird schon von mir gehört haben. Seit geraumer Zeit nennt man mich den »Vater der Glaubenden«, und das nicht allein in dem Volk, das von mir abstammt, sondern in vielen Völkern der Erde. Juden, Christen und Moslems berufen sich auf mich, alle nehmen sich meinen Glaubensweg zum Vorbild.

Ich muß gestehen, das verwirrt mich und macht mich zugleich auch ein wenig stolz. Daß Menschen nach dreieinhalbtausend Jahren überhaupt noch an mich denken, ja von mir Hilfen für ihren Glauben an den Herrn erwarten! Dabei hätte ich gar keinen anderen Weg gehen können, ohne mir selbst untreu zu werden.

Doch ich will Euch von meinem Weg erzählen. Wenn Euch dieser Brief auf Eurem Glaubensweg hilft, um so besser.

Begonnen hatte alles in meiner Familie, als ich bereits ein alter Mann war. Ich hatte früh Sarai geheiratet, aber – und das war unser großes Unglück – wir hatten keine Kinder. Wer sollte wohl in Zukunft für uns sorgen? Später wechselten wir dann unseren Siedlungsort. Mein Vater, als Ältester unserer Sippe für alles verantwortlich, entschied, daß wir von unserem Heimatort Ur aufbrechen sollten, um in ein fruchtbareres Land zu ziehen, nach Kanaan, das an dem Meer liegt, das Ihr das Mittelmeer nennt.

Doch wir kamen mit unserer Sippe nie dort an. In Haran weit im Norden ließen wir uns nieder, und dort ging es uns gut. Unsere Herden wuchsen, wir hatten keine Not zu leiden. Warum sollten wir erneut ins Ungewisse aufbrechen? Wir hatten in Haran eine neue Heimat gefunden.

Ich war bereits fünfundsiebzig Jahre alt, als mein Leben völlig umgestoßen wurde. Der Herr, der Höchste, der Schöpfer des Himmels und der Erde, sprach mich an:

Zieh weg aus deinem Land,
von deiner Verwandtschaft
und aus deinem Vaterhaus
in das Land, das ich dir zeigen werde.
Ich werde dich zu einem großen Volk machen,
dich segnen
und deinen Namen groß machen.
Ein Segen sollst du sein.
Durch dich sollen alle Geschlechter der Erde
Segen erlangen.

Ihr könnt Euch nicht vorstellen, wie mir zumute war. Als alter Mann, ohne Kinder, die mir helfen könnten, sollte ich die Heimat und meine Großfamilie verlassen, losgehen, ohne ein sicheres Ziel zu haben, mich Gefahren aussetzen, die ich vorab gar nicht einschätzen konnte – wie sollte das geschehen? Und was sollte das heißen: »Ich werde dich segnen, ein Segen sollst du sein«? Das konnte ich damals noch nicht verstehen.

Dennoch, es war nicht irgendwer, der mir einen Auftrag gab; dann hätte ich sicher nicht reagiert. Es war der Herr. An ihn glaubte ich, ihm vertraute ich ganz, auch wenn ich das alles nicht verstand. So machte ich mich auf den Weg, und siehe da, er führte mich zum alten Ziel, nach Kanaan. Wiederum hörte ich die Stimme des Herrn:

Deinen Nachkommen gebe ich dieses Land.

Ich war dankbar, daß er, der Höchste, mich sicher hierher geführt hatte, und baute ihm aus Dankbarkeit einen Altar.

Unser Weg war noch nicht beendet. Es ging weiter nach Ägypten, dann wieder zurück nach Kanaan. Was ich am Hof des Pharao und in Jerusalem erlebt habe, will ich hier nicht erzählen. Lest es selbst nach. Viel wichtiger ist mir, daß Gott mich auf diesen weiten Wegen nicht vergessen hat, daß er mir immer wieder begegnet ist, daß er mich geführt hat.

Ich habe ihm vertraut, auch wenn ich manche seiner Worte nicht verstanden habe. Immerhin sollte ich wohl kinderlos sterben, warum machte der Herr sich so viel Mühe mit mir? Doch als ich ihm das sagte, führte er mich hinaus, zeigte mir den Sternenhimmel über der Wüste mit den unzähligen funkelnden Sternen und sagte:

Sieh doch zum Himmel hinauf,
und zähl die Sterne,
wenn du sie zählen kannst.
So zahlreich werden deine Nachkommen sein.

Als ich das hörte, faßte ich wieder Vertrauen. Nichts sollte meinen Glauben an den Herrn erschüttern. Er würde mich führen, sein Segen mein Leben begleiten. Und so geschah es auch. Es dauerte noch manches Jahr, aber dann wurde mein Sohn geboren,

Isaak, mein Herzensglück. Und das, obwohl Sara und ich bereits so alt waren. In diesem Kind, in Isaak, wird Gottes Güte sichtbar – Gott lächelt mich an in meinem Sohn.

Noch vieles gibt es zu berichten. Doch ich will Euch für Euren Weg nur einen einzigen Gedanken mitgeben. Ihr lebt zwar in einer ganz anderen Welt, und nicht die Wüsten des Orients prägen Euer Leben, sondern die Wüsten Eurer großen Städte. Man hat mir aber gesagt, daß es darin oft noch schwerer ist, eine Oase der Ruhe zu finden, als in unseren Wüsten. Doch versucht inmitten Eures Lebens dem Herrn, dem Höchsten, zu vertrauen. Gebt Euch vertrauensvoll in seine Hände, gleich welchen Weg Ihr gehen müßt, gleich ob Glück oder Leid Euer Leben prägt. Laßt nicht nach im Glauben und in der Hoffnung auf den Herrn.

Das schreibt Euch der Vater der Glaubenden

Abraham

Jakobus

2. Fastensonntag

Liebe Jünger des Herrn!

Wenn Ihr an die Apostel denkt, dann fallen Euch sicher zuerst Simon, den der Herr Petrus nannte, und Johannes, mein Bruder, ein. Vielleicht auch der Verräter, Judas, der Iskariote. Aber nur wenige werden an mich denken. Früher hätte mich das geärgert, da war es mir wichtig, ganz vorne zu stehen, der Erste, der Größte zu sein. Mit Johannes habe ich deshalb so manchen Streit gehabt, und einmal hat mir der Herr deshalb kräftig den Kopf gewaschen.

Überhaupt hat er uns beiden manchmal die Meinung gesagt. »Donnersöhne« nannte er uns, und das stimmte auch. Wenn uns irgend etwas querlief, konnten wir explodieren und so wütend werden, daß sich am besten jeder schnellstmöglich verzog. In Samarien etwa wollten wir Feuer vom Himmel auf ein Dorf herabrufen, das uns nicht aufnehmen wollte. Zum Glück aber ist unser Wunsch nicht so ganz in Erfüllung gegangen. Aber so hatte Jesus wieder eine Gelegenheit, uns den Weg zu weisen. Doch all das ist schon lange her, heute denke und lebe ich anders als zu jener Zeit.

Wie das gekommen ist, fragt Ihr? Wie sich ein Donnersohn ändern kann? Das ist eine lange Geschichte. Sie hat zutiefst mit dem zu tun, was ich mit Jesus erlebt habe. Aber fangen wir am Anfang an.

Johannes und ich waren zusammen mit unserem Vater Zebedäus Fischer am See Gennesaret. Petrus und sein Bruder Andreas lebten in unserer Nachbarschaft, wir sind oft zusammen zum Fischen auf den See gefahren. Ein einfaches und hartes Leben ist das. Wenn nicht gerade ein Sturm über den See tobt, geschieht kaum etwas Aufregendes.

Doch an jenem Morgen war es anders. Wir saßen noch müde von der nächtlichen Fischfahrt am Ufer und flickten die Netze, als ein Fremder zu uns trat. Fremde kommen schon mal zum See, manche lassen sich auch von uns ein wenig aufs Wasser herausfahren, das ist nichts Ungewöhnliches. Aber mit diesem war alles anders. Er strahlte etwas aus, was ich vorher nie bei einem Menschen erlebt habe, und auch nachher nie wieder. Er sprach nicht viel, sagte nur zu uns:

Kommt her! Folgt mir nach!

Ich werde euch zu Menschenfischern machen.

Das verstanden wir nicht. Aber dennoch, zuerst standen Petrus und Andreas auf und gingen zu ihm. Und mir war es, als ergriffe mich eine ungeheure Macht. Ich sah Johannes an und er mich. Dann erhoben wir uns beide, ließen die Netze liegen und gingen mit diesem Fremden. Wir haben uns noch nicht einmal richtig von unserem Vater verabschiedet.

Und das war erst der Anfang. Was wir mit diesem Jesus erfuhren, war so großartig, daß uns nie wieder der Gedanke kam, zu unseren Booten zurückzukehren. Wie er mit Gott sprach! Wie er mit Menschen umging! Welche Freiheit er hatte, aber wie ernst er trotzdem Gottes Gebot nahm! Mit welcher Sicherheit er mit den Schriftgelehrten reden konnte! Mit welcher Macht er Dämonen austrieb und Menschen heilte! Wahrlich, dieser Mann mußte ein Prophet des Höchsten sein, einer der Großen Israels. Wahrlich, ihm nachzufolgen, das war unsere Aufgabe, auch wenn es für uns Donnersöhne dabei manches harte Wort gab.

Alles aber wurde übertroffen von dem, was auf dem Berg geschah. Heute verstehe ich besser, was ich gesehen und gehört habe, damals aber war ich fassungslos vor Staunen. Außer mir waren nur Petrus und Johannes dabei. Und dann passierte es: Ein Licht strahlte auf, und dieses Licht ging von Jesus aus. Er wurde ganz verändert, heute weiß ich: Gottes Herrlichkeit und Glanz strahlten aus ihm. Zwei Gestalten erschienen, Mose und Elija. Als Juden glauben wir, wenn Mose und Elija wiederkommen, ist der Messias, der versprochene Retter, da. Und nun redeten die beiden mit Jesus.

Wir drei waren so verblüfft, daß wir uns auf den Boden kauerten, Furcht und Entsetzen befiel uns, zugleich aber auch eine ungeheure Erregung. Petrus redete irgend etwas von Hüttenbau, aber der redet öfter mal Unsinn. Schließlich hörte ich ganz deutlich eine Stimme:

Das ist mein geliebter Sohn;
auf ihn sollt ihr hören.

Heute kann ich das Geschehen besser einordnen. Eigentlich wurde bereits damals sichtbar, was wir nach Ostern mit Jesus erlebten. Wir durften seine Herrlichkeit sehen, wir konnten somit ahnen, daß er der Retter war, der Christus, wie Ihr sagt. Diese Erfahrung hat uns Kraft gegeben.

In der Gemeinde der ersten Christen in Jerusalem hat man mich oft nach diesem Geschehen gefragt. Ich habe Zeugnis von Jesus abgelegt, und ich tue dies nun auch auf Euch hin. Ich bekenne mit aller Überzeugung: Dieser Jesus ist der von Gott Gesandte, der Menschensohn, der geliebte Sohn des Vaters.

Wenn Ihr in Euren Gemeinden zusammenkommt, dann geht es bei Euch natürlich anders zu als damals bei uns in Jerusalem. Aber in einem muß jede Gemeinde gleich handeln. Wir folgen Jesus nach, wir bekennen uns zu ihm, wir erkennen in ihm Gottes Herrlichkeit. Wer Gott spüren will, der muß auf diesen Jesus sehen. Er ist der Weg zu Gott.

Diese Zeit nennt Ihr Bußzeit, und Ihr wollt Euch in diesen Wochen auf das Osterfest vorbereiten. Das geht nur, wenn Ihr Jesus, den Sohn Gottes, in den Vordergrund stellt.

Das schreibt Euch aus voller Überzeugung

Jakobus, der Sohn des Zebedäus

Mose

3. Fastensonntag

An das Volk Gottes auf dem Weg!

Vorzustellen brauche ich mich wohl nicht. Jeder von Euch dürfte meinen Namen kennen. In der Bibel taucht er insgesamt 840mal auf, nur David wird noch häufiger genannt. Also bin ich wohl eine große biblische Persönlichkeit, wie man so sagt. Ich leite von daher das Recht ab, Euch diesen Brief zu schreiben und darin einiges Wichtige zu sagen, Wichtiges aus meinem Leben und Wichtiges für Euer Leben.

Zuerst zu mir. Ihr wißt, daß Gott mich zum Führer meines Volkes bestellt hat. Tolle Sache, meint Ihr? Ein Volk zu führen mag ja ganz gut sein, aber nicht, wenn es sich um mein Volk handelt. Das nämlich ist störrisch und halsstarrig. Man muß es geradezu zu seinem Glück zwingen. Jeder Esel kennt seinen Herrn, aber glaubt ja nicht, daß mein Volk seinen Herrn kennt.

Da kann Jahwe, der Herr, machen, was er will. Er hat sie aus der Knechtschaft in Ägypten befreit. Er hat sie am Schilfmeer aus der Hand der Verfolger gerettet. Er hat sie auf einen – zugegeben langen –

Weg durch die Wüste geführt. Er hat ihnen Brot und Fleisch, Manna und Wachteln, gegeben. Er hat ihnen das Gesetz des Lebens gegeben. Er hat ihnen immer wieder seine Nähe und Freundlichkeit deutlich gemacht.

Aber mein Volk hat das alles einfach so hingenommen. Von Dankbarkeit keine Spur. Ja, wenn es Schwierigkeiten gab, da wünschte man sich schnell wieder an die Fleischtöpfe Ägyptens zurück. Obwohl die doch nur für die Ägypter da waren, nicht für uns.

Ein typisches Beispiel für die Undankbarkeit meines Volkes war die Geschichte mit dem Wasser. Wir hatten ein paar Tage keine Wasserstelle gefunden. In der Wüste ist das eben anders als am Nil. Darauf muß man sich einstellen. Aber das Volk schimpfte gleich wieder los: »Wären wir doch in Ägypten geblieben. Dann hätten wir genug zu trinken. Und Mose, du bist schuld, daß wir jetzt hier sind. Und dein Bruder Aaron. Ihr führt uns ins Unglück.« So redeten sie, und die Stimmung wurde immer aggressiver. Ich hatte schon Angst, daß sie zu Steinen greifen würden.

So betete ich in meiner Not zum Herrn. Und er half mir wiederum. Er sagte:

Dort drüben auf dem Felsen am Horeb
werde ich vor dir stehen.
Dann schlag an den Felsen!
Es wird Wasser herauskommen,
und das Volk kann trinken.

Ich tat, wie der Herr mir gesagt hatte. Und es geschah so. Er spricht, und es geschieht. Sein Wort gibt der Welt Leben. Der Felsen brach auf, und es strömte Wasser heraus. Genug Wasser für uns alle. Für Menschen und Tiere.

Jetzt waren alle wieder still. Niemand wagte mehr ein Wort gegen mich zu sagen, und erst recht nicht gegen Gott. Aber ich wußte, das wird nicht lange dauern. Dann geht das Spiel von vorne los. Und so war es: Sie gossen sich ein goldenes Kalb und setzten ihre Hoffnung darauf. Manchmal ist es mit diesem Volk zum Verzweifeln. Versteht Ihr jetzt, warum ich nicht so gerne Führer bin?

Aber jetzt zu Euch. Ich möchte nämlich auch Euch nicht gerne vorstehen. Seid mir nicht böse, wenn ich das so deutlich sage, aber Ihr ähnelt in vielem meinem Volk. Das stimmt nicht, meint Ihr?

Also Klartext: Wie sieht es denn mit Eurem Glauben an Gott aus? Habt Ihr Euch nicht auch jede Menge goldener Kälber geschaffen? Was bestimmt denn Euer Leben? Geld, Besitz, Ansehen, Karriere, Konsum, Unterhaltung, das schnelle Glück ...? Was davon ist Euer Gott? Einer, der dreizehnhundert Jahre nach mir gelebt hat, Paulus, sagte:

Ihr Gott ist der Bauch!

Prüft Euch mal ehrlich, ob dieser Satz nicht auch auf Euch zutrifft.

Und überprüft Euer Verhältnis zu Gott. Ihn habe ich immer wieder erfahren. Er, der Höchste, – sein Name sei gepriesen – ist der, der für uns da ist. Sein Name ist: »Ich bin, der ich bin. Ich bin in Treue da für euch.«

Habt Ihr ebenfalls solche Erfahrungen mit Gott gemacht? Vertraut Ihr ihm Euer Leben an? Laßt Ihr Euch von ihm führen, wie ich es getan habe? Auch durch Schwierigkeiten hindurch?

Und wie ist es mit der Dankbarkeit? Da scheinen mir bei Euch ähnliche Verhältnisse zu sein wie bei meinen störrischen Leuten. Gut, Ihr seid nicht aus Ägypten befreit worden. Aber hat der Herr nicht auch Euch zur Seite gestanden in so vielen Dingen? Zwar seid Ihr nicht durch die Wasser des Schilfmeeres geführt worden. Aber hat der Herr Euch nicht auch einen Weg geführt durch Not und Bedrängnis hindurch? Schenkt er Euch nicht auch immer wieder einen neuen Anfang, schenkt er Euch nicht das Licht eines jeden Tages?

Wenn Ihr das bedenkt, dann überlegt doch weiter, ob Ihr Euch auf den Herrn ausrichtet, ob Ihr auf seinen Willen hört, ob seine Gebote Euer Leben prägen. Sie engen Euch nicht ein, sondern sie wollen Euch frei machen vom Bösen und frei machen zum Guten.

Wenn Ihr Euch in diesen Wochen auf Euer Fest vorbereitet, das wichtigste Fest Eures Glaubens, dann achtet die Gebote des Herrn. Wendet Euch vom Bösen, und tut das Gute. Seid kein störrisches Volk, sondern seid dankbar, denn der Herr ist auch für Euch da. Er hat sein Zelt mitten unter Euch aufgeschlagen.

Es grüßt Euch über die Jahrtausende hinweg

Euer *Mose*

Die Samariterin

3. Fastensonntag

Ihr Getauften des zwanzigsten Jahrhunderts!

Eigentlich ist es ungehörig, daß eine Frau meines Volkes und meines Standes Euch einen Brief schreibt. So denken wenigstens meine Zeitgenossen, und ich würde dies auch nie wagen, wenn mein Leben nicht an jenem Tag eine ganz andere Ausrichtung erhalten hätte. Damals habe ich Mut und Vertrauen gewonnen. Damals bin ich dem begegnet, der der wahre Retter der Welt ist. Davon möchte ich Euch erzählen.

Zuerst muß ich etwas zu meiner Person sagen. Ich bin eine samaritische Frau aus Sychar. Unser Ort ist berühmt, weil bei uns der Jakobsbrunnen ist. Unser großer Vater Jakob, der Sohn Isaaks, der Enkel Abrahams, hat ihn gegraben. Für uns ist dieser Brunnen deshalb besonders kostbar.

Genauso verehren auch die Juden aus Judäa und Galiläa diesen Ort. Uns aber verachten sie, weil wir nicht zum Tempel nach Jerusalem ziehen, um dort dem Herrn Opfer zu bringen. Für sie sind wir wie Heiden. Dabei beten wir genauso zum Herrn, wir tun dies nur auf einem hohen Berg in unserem Gebiet, nicht in Jerusalem.

Wenn die Juden schon unser Volk ablehnen, so verachten sie uns samaritische Frauen erst recht. Frauen gelten nichts in unseren orientalischen Gesellschaften. Nie würde ein Jude mit einer samaritischen Frau sprechen. Und mit mir erst recht nicht. Ich hab da so ein Problem mit den Männern. Fünf Männer habe ich gehabt, lebe jetzt mit dem sechsten zusammen, aber nie ist es für mich der Richtige, nie auf Dauer. Das finden die meisten Leute bei uns abstoßend. Sie sprechen nicht mit mir.

An jenem Tag jedoch war alles anders. Da hat ein Jude mit mir gesprochen, und er hat ganz anders gesprochen als je ein Mensch zuvor. Er saß allein am Jakobsbrunnen, als ich kam, um Wasser zu holen. Dann bat er mich um einen Schluck Wasser. An seiner Sprache merkte ich, daß er Jude war. Und dann sagte er etwas Seltsames, ich werde es nie vergessen:

Wenn du wüßtest,
worin die Gabe Gottes besteht
und wer es ist, der zu dir sagt:
Gib mir zu trinken!,
dann hättest du ihn gebeten,
und er hätte dir lebendiges Wasser gegeben.

Ich war ganz verblüfft, aber er fuhr fort:

Wer von diesem Wasser trinkt,
wird wieder Durst bekommen;
wer aber von dem Wasser trinkt,
das ich ihm geben werde,
wird niemals mehr Durst haben;
vielmehr wird das Wasser,
das ich ihm geben werde,
in ihm zur sprudelnden Quelle werden,
deren Wasser ewiges Leben schenkt.

Wir haben noch viel miteinander gesprochen. Es war mir, als würde er mich schon seit langem kennen und als wüßte er genau über mein Leben Bescheid. Aber er verachtete mich nicht. Vielmehr fühlte ich mich bei seinen Worten viel stärker, wie neugeboren, wie ein neuer Mensch. Ich hatte immer darauf vertraut, daß alles besser würde, wenn der Messias kommt, der Gesalbte Gottes. Und dieser fremde Jude sagte mir:

Ich bin es, ich, der mit dir spricht.

Da konnte ich nicht anders, ich ließ meinen Wasserkrug am Brunnen und lief, so schnell ich konnte, zum Dorf zurück. Alle sollten es wissen: Der Messias ist gekommen. Meine Nachbarn glaubten mir nicht, liefen aber doch mit mir zum Brunnen. Doch als sie den Fremden sahen, glaubten auch sie.

Jener Tag hat in meinem Leben alles verändert. Wie eine sprudelnde Quelle Wasser schenkt, so ist dieser Mann für mich zu einer Lebensquelle geworden, er schenkte mir einen neuen Anfang. Er nahm mich ganz an als Mensch. Ich glaube, ihn brauche ich dringender als das Wasser aus dem Jakobsbrunnen.

Das möchte ich Euch sagen: Ihr seid auf diesen Juden getauft, auf ihn, der mir als Messias erschien, als der Christus Gottes. Ich beneide Euch darum. Ihr dürft ihn bereits von Kindesbeinen an kennenlernen, Ihr dürft zu ihm gehören, Ihr dürft ihm begegnen, wenn Ihr seine Worte hört. Wie für mich damals, so ist er für Euch wie lebendiges Wasser, wie eine Quelle, die Pflanzen, Tieren und Menschen Leben schenkt, wie ein Brunnen, der mitten in der Wüste Erfrischung gibt.

Ich kann allerdings gar nicht glauben, was man mir von Eurer Zeit erzählt. Viele soll es geben, die ihn in ihrem Leben vergessen, denen die Taufe nichts bedeutet, die den Glauben an ihn verloren haben.

Stimmt das, was gesagt wird? Und wie kann das sein?

Gut, mir als samaritische Frau mit schlechtem Lebenswandel haben die Leute damals auch nicht geglaubt, aber Euch müßten sie doch glauben, wenn Ihr von diesem Jesus erzählt. So wie mein Leben ganz verändert wurde, müßte Euer Leben doch auch anders werden, wenn Ihr an diesen Mann aus Galiläa glaubt. Und das müßten die anderen Leute doch spüren: an Eurem Leben, an Eurem Reden, an Euren Taten.

Euer Glaube müßte doch ansteckend sein. Er müßte Menschen von Schuld befreien und Versöhnung schenken, so wie ich es erfahren habe. Er müßte Gemeinschaft schaffen über Völker, sozialen Stand und moralisches Verhalten hinweg, so wie es mir ergangen ist. Er müßte befreiend und helfend wirken, so wie ich es bei diesem Mann gespürt habe. Er müßte Euch zu neuen Menschen machen.

Bindet Euch also an ihn, und Ihr werdet mit lebendigem Wasser erfrischt. Glaubt an den Christus Gottes, und Ihr spürt ihn als den Retter der Welt und als Euren Retter.

So schreibt Euch

eine kleine *Frau aus Samarien*

Samuel

4. Fastensonntag

Liebe Gesalbte des Herrn!

Der Herr hat mich gesandt, um den Menschen sein Wort zu verkünden und seine Botschaft zu bringen. Den Menschen meiner Zeit habe ich immer wieder einen Auftrag Gottes vermitteln können. In gleicher Weise will ich Euch diesen Brief schreiben. Als Prophet des Höchsten möchte ich Euch Mut machen.

Ihr kennt mich sicher von den Erzählungen der Bibel her. Die Geschichte, wie Gott mir zum ersten Mal im Tempel begegnet ist, wird ja Euren Kindern immer wieder erzählt. Ich war als Diener des Priesters Eli im Tempel. Die Priester hatten zu jener Zeit einen Jungen als Hilfe, so ähnlich, wie bei Euch die Meßdiener helfen (wie mir gesagt wurde, nicht mehr allein Jungen, sondern auch Mädchen!). In jener Nacht hörte ich, wie der Herr mich rief. Ich habe ihm eine Antwort gegeben, die seither mein Leben prägt:

Hier bin ich.
Rede, Herr; denn dein Diener hört.

Seit Kindesbeinen habe ich auf die Worte des Herrn, des Höchsten, gehört. Es waren nicht immer gute

Botschaften, die ich den Menschen auszurichten hatte. Manches Ernste war darunter, auch Ankündigungen von Not und Elend. Immer aber habe ich sagen können: Wer wirklich dem Herrn vertraut, dessen Leben ist in seiner Hand, in guten und in schweren Stunden.

Doch ich will Euch nicht von solch schweren Botschaften berichten. Vielmehr möchte ich vom wichtigsten Auftrag erzählen, den der Herr mir gab. Einige Jahre vorher hatte ich bereits Saul zum ersten König von Israel gesalbt. Aber er war es nicht wert, den höchsten Dienst an seinem Volk auszuüben. Deshalb wollte Gott einen neuen König bestellen, es sollte der bedeutendste König Israels werden für alle Zeiten bis zum Kommen dessen, den Ihr den Christus nennt.

So zog ich nach Betlehem zu Isai und seinen acht Söhnen, wie der Herr mir aufgetragen hatte. Einen nach dem anderen stellte Isai mir vor, es waren große und starke junge Männer, jeder hätte meiner Meinung nach König werden können. Aber der Herr sieht nicht auf die Stärke des Menschen und sein Aussehen. Ausgerechnet der Kleinste, David, noch ein Kind, war der vom Herrn Erwählte. Er hatte rotblonde Haare und eine schöne Gestalt.

Da nahm ich das Salbhorn mit dem Öl und salbte ihn vor seinem Vater und seinen Brüdern zum König. Für uns ist eine solche Salbung ein besonderes Zeichen: Der Geist des Herrn ergreift einen Menschen und gibt ihm die Kraft zu einem Dienst am Volk. Könige wurden bei uns gesalbt, Priester und Propheten, nicht aber die Männer des einfachen Volkes, von den Frauen ganz zu schweigen.

Um so mehr bin ich erstaunt, daß es bei Euch anders zugeht. Ihr, die Ihr Euch zu Jesus von Nazaret, dem in Betlehem Geborenen, dem Nachkommen

Davids, bekennt, ihr werdet alle gesalbt, sogar zweimal: Am Beginn Eures Christseins bei der Taufe und später bei dem, was Ihr Stärkung durch Gott, Firmung, nennt. Jeder von Euch erhält Gottes Salbung als Geschenk: Männer und Frauen, Arme und Reiche, ja selbst schon kleine Kinder. Jeder von Euch erhält damit von Gott einen Auftrag. Doch dazu gleich mehr.

Das erinnert mich an einen Spruch, den ein Prophet einige Zeit nach mir aufgeschrieben hat, Joël:

Danach aber wird es geschehen,
daß ich meinen Geist ausgieße über alles Fleisch.
Eure Söhne und Töchter
werden Propheten sein,
eure Alten werden Träume haben,
und eure jungen Männer haben Visionen.
Auch über meine Knechte und Mägde
werde ich meinen Geist ausgießen
in jenen Tagen.

An Euch ist diese Verheißung in Erfüllung gegangen. Ihr seid Söhne und Töchter Gottes, Ihr seid erfüllt von Gottes gutem Geist, Ihr seid von Gott gestärkt zu einem Leben aus seinem Geist. Herzlichen Glückwunsch Euch, den Gesalbten Gottes.

Ich gehe davon aus, daß Ihr Euch darauf nichts einbildet. Denn Ihr wißt ja, daß der Geist Gottes ein Geschenk ist. Ihr erhaltet es, weil dieser Jesus, der Gesalbte, der Messias, Euch nahe ist. Weil ihr an Christus, den Gesalbten, glaubt, deshalb seid Ihr Christen, Gesalbte Gottes.

Von Gott Gesalbte zu sein bedeutet Zuspruch und Anspruch, stellt einen Auftrag dar. Das habe ich damals dem Saul klarzumachen versucht, aber er hat mich nicht verstanden. Bei David ging es schon besser. So ermahne ich auch Euch und erinnere Euch an den Auftrag, den Ihr bei Eurer Taufe und Firmung erhalten habt: Lebt als Gesalbte Gottes. Laßt andere Menschen durch Euer Leben spüren, daß Ihr zu Christus, dem Gesalbten, gehört. Lebt so, wie es ein Jude, der tausend Jahre nach mir gelebt hat, den Christen in Galatien geschrieben hat:

Laßt euch vom Geist leiten.
Die Frucht des Geistes ist Liebe, Freude,
Friede, Langmut, Freundlichkeit, Güte,
Treue, Sanftmut und Selbstbeherrschung.
Wenn wir aus dem Geist leben,
dann wollen wir dem Geist auch folgen.
Wir wollen nicht prahlen,
nicht miteinander streiten
und einander nichts nachtragen.

Seid also gegrüßt, Ihr Gesalbten des Herrn dreitausend Jahre nach meiner Zeit! Seid dankbar für die Gabe, die der Herr Euch schenkt, für seinen Geist. Und lebt aus diesem Geist.

Das wünscht Euch

der Prophet *Samuel*

Der Blinde

4. Fastensonntag

Liebe an Jesus Glaubende!

Mein Name tut nichts zur Sache. Für Euch bin ich einfach der Blinde vom Stadttor in Jerusalem. Oder besser: der ehemals Blinde. Denn jetzt kann ich sehen. Früher lebte ich in Dunkelkeit, jetzt lebe ich im Licht – zum erstenmal seit meiner Geburt. Mein Leben ist hell geworden, ein Licht ist mir aufgestrahlt.

Ich bin noch so voller Freude, daß ich Euch von allem erzählen möchte. Denn ich habe gehört, daß Ihr auch zu den Jüngern Jesu gehört. So sind wir über die Jahrhunderte hinweg verbunden, weil wir an ihn, den Herrn, glauben.

Am letzten Sabbat saß ich, wie jeden Tag, am Tor und bettelte. Etwas anderes kann ich nicht. Seit Geburt bin ich blind, nie habe ich etwas lernen können, und auch meine Eltern sorgen nicht länger für mich. Also blieb nur das Betteln. Als Blinder hast du es schwer. Du siehst nicht, wer vorbeikommt, du kannst keinen direkt ansprechen, du kannst nur rufen und um Erbarmen bitten. Wenn du Pech hast, ärgern dich ein paar halbwüchsige Jungen. Wenn du aber Glück hast, bekommst du einige gute Geldstükke. Das reicht dann für einen Tag zum Essen. Aber mehr brauche ich auch nicht.

So begann der Sabbat, und nie hätte ich mir träumen lassen, was dann passierte. Ich hörte, wie sich einige Männer über mich unterhielten. Natürlich wieder die alten Vorurteile: Er ist selber schuld an seinem Unglück, und wenn nicht er, dann zumindest seine Eltern. Ich wollte gar nicht mehr hinhören, wer so redet, der gibt sowieso nichts. Aber eine Stimme ließ mich aufhorchen:

Wir müssen, solange es Tag ist,
die Werke dessen vollbringen,
der mich gesandt hat;
es kommt die Nacht,
in der niemand mehr etwas tun kann.
Solange ich in der Welt bin,
bin ich das Licht der Welt.

Ich verstand in dem Augenblick nicht, was jener meinte. Noch weniger verstand ich, als ich etwas Feuchtes auf meinen Augen spürte, Finger, die vorsichtig etwas verrieben. Und die Stimme sagte:

Geh und wasch dich in dem Teich Schiloach!

Ich wußte nicht, was mir geschah, aber ich ging zum Teich. Er ist nur ein paar Schritte entfernt. Ich wusch mich, und da geschah es: Es wurde hell, eine strahlende, glänzende Helligkeit erschien vor meinen Augen. Das Licht tat weh. Und durch das Licht sah ich auf einmal etwas durchscheinen, erst undeutlich, dann immer klarer: Mauern, Wasser, Menschen. Ich konnte sehen! Zum erstenmal in meinem Leben konnte ich sehen! Alles war hell, die Dunkelheit war vorbei.

Danach gab es ein großes Durcheinander. Jener Fremde war verschwunden. Dafür aber redeten viele andere Menschen auf mich ein. Sie brachten mich sogar zu den Pharisäern im Tempel. Diese stellten mir viele Fragen nach jenem Mann, aber was konnte ich ihnen denn sagen? Ich wußte doch nur, daß er mich sehend gemacht hatte. Es mußte ein Prophet gewesen sein, ein Mann Gottes. Doch das glaubten die Pharisäer nicht. Sie redeten nur über den Sabbat und daß man an diesem Tag nichts tun dürfe. Sie haben keine Ahnung, was wirklich wichtig ist. Für mich spielt der Sabbat keine Rolle, wenn ich nicht sehen kann. Jetzt aber, wo ich sehen kann, kann ich auch den Sabbat halten.

Draußen traf ich den Fremden wieder. Ich erkannte seine Stimme. Und wieder geschah etwas mit mir. Ich fühlte mich zu ihm hingezogen wie noch nie zuvor zu einem Menschen. Ich warf mich vor ihm auf den Boden und konnte nur noch stammeln:

Ich glaube, Herr!

Und wiederum hörte ich seine Worte:

Um zu richten,
bin ich in diese Welt gekommen:
damit die Blinden sehend
und die Sehenden blind werden.

Jetzt verstand ich mehr: Ich, der Blinde, kann sehen, kann ihn, den Herrn, den Gesandten Gottes, erkennen. Die Pharisäer aber, die Sehenden, waren blind für ihn.

Damit bin ich bei Euch, die Ihr an Jesus glaubt. Ihr bekennt Euch zu ihm. Ihr bekennt, daß er das Licht Eures Lebens ist, so wie er für mich zum Licht geworden ist. In zwei Wochen, an Eurem Osterfest, feiert Ihr ihn als Licht der Welt. Euer Feuer und Eure Kerzen deuten auf ihn, der die Dunkelheit hell machen kann.

Ich bitte Euch: Laßt nicht nach im Glauben an diesen Propheten. Er läßt in Euch das Licht Gottes aufstrahlen. Er macht Euer Leben hell. Das kann ich wie kein anderer bezeugen.

Und noch etwas. Wenn Ihr Euch zu diesem Jesus bekennt, der für Euch Licht ist, dann werdet selber zum Licht für andere. Es gibt so viele Blinde in Eurer Welt, so viele, die keinen Sinn im Leben sehen, so viele, die in Leid und Dunkelheit leben müssen. Seid Ihr ihnen Licht. Seid Kinder des Lichtes und nicht der Dunkelheit, des Lebens und nicht des Todes, der Versöhnung und nicht des Streites, der Liebe und nicht des Hasses!

Ihr, die Ihr an diesen Jesus glaubt, dürft Menschen des Lichtes sein. So findet Ihr Euer Glück und Euer Heil.

Ich wünsche Euch das Licht Christi jeden Tag aufs neue.

Der ehemals *Blinde* und jetzt Sehende

Ezechiel

5. Fastensonntag

Ihr im Volk Gottes, hört auf mein Wort!

Aus der Verbannung in Babylon schreibe ich Euch diesen Brief. Er soll Euch eine deutliche Mahnung sein, damit es Euch nicht so geht wie meinem Volk Israel. Wir waren dem Herrn untreu, wir haben in den Tag hinein gelebt und seine Gebote nicht beachtet, und das Ergebnis war die große Katastrophe: Jerusalem ist zerstört, das Volk in der Verbannung, vom Untergang bedroht. So geht es, wenn der Mensch sich von Gott abwendet.

Deshalb schreibe ich Euch diesen mahnenden Brief. Jetzt nämlich ist für Euch die Stunde der Entscheidung, die Zeit der Umkehr, der Augenblick eines neuen Anfangs. Mit Freude höre ich, daß Ihr diese Wochen vor Ostern als Bußzeit gestaltet, als Zeit eines Abwendens vom Bösen und einer neuen Hinwendung zum Guten.

Das paßt genau zu meiner Botschaft, die ich meinem Volk immer wieder zugerufen habe:

Schafft euch ein neues Herz
und einen neuen Geist!

Warum wollt ihr sterben,
ihr vom Haus Israel?
Ich habe doch kein Gefallen
am Tod dessen, der sterben muß
– Spruch Gottes, des Herrn.
Kehrt um, damit ihr am Leben bleibt.

Dieser letzte Satz gilt auch Euch. Ihr lebt in einer anderen Zeit, nicht wie wir in der Verbannung und in der Gefahr eines fremden Landes, nicht wie wir von einem fremden Volk unterdrückt und eingeengt. Und doch ist auch Euer Leben oft eingeengt, es kann sich nicht entfalten. Und doch lebt Ihr oft so, als ob Euch fremde Mächte beherrschten. Ihr sprecht von der Freiheit der Kinder Gottes, aber seid Ihr nicht allzuoft Sklaven des Konsums, des Geldes, der Karriere? Ihr sprecht von der Liebe zum Nächsten, aber es gibt so viel Streit und Mißgunst, soviel an kleinlicher Auseinandersetzung und an Vorurteilen, soviel an Ausgrenzung und Verachtung anderer. Wenn ich das alles und noch vieles andere sehe, dann rufe ich auch Euch zu:

Kehrt um, damit ihr am Leben bleibt.

Wie das geht, fragt Ihr? Wie wirkliche Umkehr zum Guten geschehen kann?

Die Antwort ist einfach und doch so schwer. Es geht darum, daß Ihr Euch mehr als bisher an Gott haltet, daß Ihr Euch mit größerem Vertrauen als bisher an ihn wendet. Vertraut darauf, daß Gott Euch Kraft zum Guten gibt. Vertraut darauf, daß er Euch in Eurem Leben die Richtung zum Guten weisen kann. Er sorgt für Euch wie ein guter Hirt. So sage ich auch immer wieder meinem Volk:

So spricht Gott, der Herr:
Wie ein Hirt sich um die Tiere seiner Herde
kümmert an dem Tag,
an dem er mitten unter den Schafen ist,

die sich verirrt haben,
so kümmere ich mich um meine Schafe
und hole sie zurück.
Ich will ihr Hirt sein
und für sie sorgen, wie es recht ist.

Schön und gut, dieses Bild mit dem Hirten, sagt Ihr? Und Ihr wollt natürlich dem Versprechen Gottes trauen?

Dann öffnet Euch für ihn, für sein Wort, für seinen Geist. Nicht der Geist dieser Welt, der bestimmt ist von Konkurrenzdenken, von Neid und Haß, soll Euer Leben prägen, sondern sein Heiliger Geist. Ich habe das damals so ausgedrückt:

Ich schenke euch ein neues Herz
und lege einen neuen Geist in euch.
Ich nehme das Herz aus Stein aus eurer Brust
und gebe euch ein Herz aus Fleisch.
Ich lege meinen Geist in euch und bewirke,
daß ihr meinen Gesetzen folgt
und auf meine Gebote achtet und sie erfüllt.
Ihr werdet mein Volk sein,
und ich werde euer Gott sein.

Eure Bußzeit vor Ostern soll Euch also tiefer mit Gott verbinden. Und durch ihn auch tiefer mit den Menschen, mit Euren Nächsten, aber ebenso mit denen, die fern sind von Euch. Daß Ihr gerade heute mit den Armen in aller Welt teilt, daß Ihr Euch der Ärmsten erbarmt, freut mich. Ihr habt verstanden, was der Geist Gottes in Euch bewirken will.

So werdet in diesen Wochen bereit zu einem Leben der Liebe und der Versöhnung. Wie Ihr anderen die Schuld vergebt, so wird der Herr auch Euch Eure Schuld vergeben, denn er ist ein barmherziger und gütiger Gott. Werdet bereit zu neuer Gemeinschaft, Ihr als Volk Gottes untereinander, aber ebenso bereit zur Gemeinschaft mit Fremden und Andersdenkenden. Werdet bereit zur Hoffnung, daß Gott Euch einen guten Weg führt. Versucht diesen Weg in Eurem Leben zu erkennen und ihm zu folgen.

Ich, Ezechiel, wünsche Euch das, was in meinem Namen ausgedrückt ist: Er bedeutet übersetzt »Gott gebe Stärke«. So wünsche ich Euch den Geist und die Kraft Gottes, damit Ihr das Böse zurücklaßt und zum Guten bereit werdet, damit Ihr Euch vom Tod abwendet und so Leben gewinnt vom Herrn selbst.

Ich wünsche Euch schon jetzt ein Osterfest, das geprägt ist vom Geist Gottes und vom neuen Leben, das dieser Geist bewirkt, so wie der Herr sagt:

Ich selbst bringe Geist in euch,
dann werdet ihr lebendig.

So grüße ich Euch im Vertrauen auf unseren gemeinsamen Herrn.

Euer Prophet *Ezechiel*

Marta

5. Fastensonntag

Liebe Schwestern und Brüder!

Ich bin eine praktische Frau und mache eigentlich nie viele Worte. Das liegt mir nicht. Und Briefeschreiben liegt mir erst recht nicht. Dennoch möchte ich Euch mit diesem Brief berichten, was meine Geschwister und ich erlebt haben.

Wir leben zu dritt in einem Haus. Lazarus, mein Bruder, ist der Hausvorstand. Er hat das Sagen, aber er sagt wenig. Dafür sagt meine Schwester Maria um so mehr. Sie redet über dies und jenes, und von ihr habe ich auch zum erstenmal über Jesus, den großen Propheten, erfahren. Schon bald wurde das, was dieser Jesus tat, zum Tagesgespräch, und Maria wußte immer Neues über ihn zu berichten.

Wir waren stolz, als er auch in unser Haus kam. Der große Prophet zu Gast bei uns! Maria war ganz außer sich. Sie setzte sich ihm zu Füßen und hörte zu, was er zu sagen hatte.

Mir blieb wie immer die Hausarbeit. Und das war viel, denn ich wollte es für diesen Gast doch besonders gut machen. Ich wirkte und schaffte in der

Küche. Ich gab Maria ein Zeichen, daß sie mir helfen sollte, aber sie reagierte nicht. Sie hing nur wie gebannt an den Lippen unseres Gastes. Schließlich wurde es mir zuviel. Wenn sie schon nicht auf mich achtete, dann sollte er ihr begreiflich machen, daß sie als Frau in die Küche gehörte und nicht am Gespräch der Männer teilzunehmen hatte. Also sagte ich es Jesus. Doch der antwortete auf ganz seltsame Weise:

Marta, Marta,
du machst dir viele Sorgen und Mühen.
Aber nur eines ist notwendig.
Maria hat das Bessere gewählt,
das soll ihr nicht genommen werden.

Damals habe ich nicht so recht verstanden, was er damit gemeint hat. Doch ich lernte ihn immer besser kennen, denn er kam häufig, er wurde der Freund meines Bruders Lazarus. So hörte ich öfter, was er über Gott und die Menschen dachte. Ich spürte, daß er mit einer Kraft sprach, die ich bei keinem anderen Menschen erlebt hatte. Und bald saßen nicht nur Maria und Lazarus, sondern saß auch ich zu seinen Füßen und lauschte seinen Worten.

Schon bald darauf begann die Krankheit von Lazarus. Es ging so schnell bergab mit ihm, daß wir große Angst bekamen. Wer könnte uns jetzt noch helfen? In unserer Not sandten wir einen Boten zu Jesus, der ihn bitten sollte zu kommen, um Lazarus zu helfen.

Doch es war zu spät. Jesus war wohl irgendwo auf der anderen Seite des Jordan, er kam nicht. Und unser Bruder Lazarus wurde schwächer und schwächer. Er starb am nächsten Tag. Nun hatten wir niemanden mehr, der für uns zwei Frauen sorgen konnte. Die nächsten Tage waren schlimm. Das Begräbnis und die Vorbereitungen dazu, so vieles war zu regeln.

Am vierten Tag schließlich kam jemand und sagte, Jesus sei unterwegs in unser Dorf, er müsse bald eintreffen. Maria blieb zurück, aber mich hielt es nicht im Haus, ich rannte los, dem Herrn entgegen. Auf ihn hatte ich meine Hoffnung gesetzt. Wenn er dagewesen wäre, wäre mein Bruder nicht gestorben, da war ich mir ganz sicher. Wie oft hatte er Kranken geholfen, er hätte auch meinen Bruder gesund gemacht.

Ich traf ihn am Dorfeingang. Weinend erzählte ich ihm, was geschehen war. Und daß wir jetzt ganz allein seien, ohne Hilfe und Hoffnung. Da nahm er mich in die Arme und tröstete mich:

Dein Bruder wird auferstehen.

Daran glaubte ich auch: Am letzten Tag würden die Gräber sich öffnen und die Toten auferstehen. Am letzten Tag würde ich meinen Bruder wiedersehen. Doch Jesus fuhr fort:

Ich bin die Auferstehung und das Leben.
Wer an mich glaubt, wird leben,
auch wenn er stirbt,
und jeder, der lebt und an mich glaubt,
wird auf ewig nicht sterben.
Glaubst du das?

In diesem Augenblick durchfuhr es mich wie eine Welle. Dieser Mann hat Macht über Leben und Tod. Dieser Mann ist nicht nur Mensch, sondern er ist wie Gott. Dieser Mann, unser Freund, ist der verheißene Messias, der Sohn Gottes, der in die Welt kommen soll. Ich hatte wieder neue Hoffnung und lief, so schnell ich konnte, zurück ins Haus, um auch Maria davon zu berichten und ihr Mut zu machen.

Was danach geschah, bleibt mir für immer geheimnisvoll. Wie er zum Grab ging. Wie er weinte. Wie er zu Gott betete. Wie er das Grab öffnen ließ. Und wie mein Bruder Lazarus herauskam: Er lebte.

Wir hatten unseren Bruder wieder. Wahrlich, dieser Jesus ist die Auferstehung und das Leben.

Ihr in Eurer Gemeinde bekennt Euch wie ich zu ihm. Ja mehr noch, in zwei Wochen feiert Ihr das Fest der Auferstehung, feiert Ihr Ostern. So möchte ich Euch über die Jahrhunderte hinweg zurufen: Habt Hoffnung und Vertrauen. Setzt Eure ganze Hoffnung auf diesen Jesus, den Christus Gottes. Dann werdet auch Ihr das Leben haben, selbst wenn Ihr sterben müßt. Denkt immer daran, was Lazarus, Maria und ich erfahren haben: Dieser Jesus ist der Messias, der versprochene Retter. Er macht auch Euer Leben heil. So glaubt an ihn und bekennt Euch zu ihm.

Das schreibt Euch eine kleine Frau aus einem Dorf bei Jerusalem.

Marta

Der Esel

Palmsonntag

Liebe Menschen!

Das ist wahrscheinlich das erste Mal, daß Ihr von einem Esel einen Brief erhaltet, und wahrscheinlich seid Ihr deswegen verblüfft. Allerdings ist es auch mein erster Brief. Ich muß jedoch gestehen, daß es mir Spaß macht, Euch endlich einmal zu schreiben, was für mich wichtig ist. Manchmal habe ich nämlich das Gefühl, nicht ich sei der Esel, sondern Ihr.

Wie etwa damals bei Bileam. Er nannte sich »Seher«, und wahrscheinlich konnte er auch manches besser erkennen als andere Menschen und seinen Zeitgenossen somit Hilfen geben für ein gelingendes Leben mit Gott und untereinander. Aber als es wirklich darauf ankam, sah er eben nichts. Dabei stand der Engel Gottes breit genug auf dem Weg. Den konnte man eigentlich nicht übersehen. Zumindest nicht, wenn man wie ich ein Esel ist.

Ich meine sowieso, daß Ihr Menschen ein eingeschränktes Wahrnehmungsvermögen habt. Uns Esel zum Beispiel verachtet Ihr. Unser Name ist Euch zum Schimpfwort geworden, zur Bezeichnung für große Dummheit. Und dabei verhält es sich genau umgekehrt. Das möchte ich Euch an weiteren Beispielen beweisen. Ihr werdet dann merken, daß wir Esel manchmal weiter sehen als Ihr.

An Weihnachten feiert Ihr Jesus als den neugeborenen Sohn Gottes. Unter Euren Tannenbäumen steht dann oft die Krippe, und selbstverständlich gehören ich und mein Kollege, der Ochse, dazu. Davon steht zwar nichts beim Evangelisten Lukas, wohl aber beim Propheten Jesaja:

Der Ochse kennt seinen Besitzer
und der Esel die Krippe seines Herrn.

Und es ist richtig: Wir haben unseren Herrn, wir haben den Herrn der Welt sofort erkannt. Erkennt Ihr ihn auch? Natürlich, Ihr heißt Christen, Ihr seid auf ihn getauft. Aber stellt das nicht bei vielen von Euch nur etwas Oberflächliches dar? Wo richtet Ihr Euch wirklich auf den Herrn aus, so wie wir es an der Krippe getan haben? Könnt Ihr Euch noch vor dem Herrn verneigen, könnt Ihr ihn anbeten?

Und weiter gefragt: Könnt Ihr ihm wirklich dienen, wenn er Euch braucht? Stellt Ihr Euch ihm ohne Widerrede und Ausflüchte zur Verfügung, wenn er Euch ruft? Ich habe das getan, selbst dann, als es schwer war, als ich ihn in die Stadt tragen mußte, in der er sterben sollte. Glaubt mir, lieber wäre ich mit ihm so schnell wie möglich nach Galiläa gelaufen oder in das Gebiet jenseits des Jordan, aber nicht nach Jerusalem. Doch er wollte es so, für ihn war es der Wille Gottes, und was sollte ich armer Esel da schon machen. Ich gehorchte also.

An jenem Morgen war ich wie gewöhnlich im Dorf Betfage. Weil es noch früh war, war ich zusammen mit meinem Fohlen im Hof meines Besitzers angebunden. Als ob ich ihm weglaufen würde. Höchstens würde ich in Nachbars Garten nach ein paar Kräutern suchen. Zwei der Freunde Jesu kamen. Ihn selbst kannte ich auch. Er war mehrfach zu Gast in unserem Haus gewesen, und mein Besitzer hatte ihm gesagt: »Wenn du irgend etwas brauchst, kannst du es von mir haben.«

Daran hatte sich Jesus wohl erinnert, und vor allem hatte er sich an mich erinnert. Nicht irgendein Pferd mit seinem Stolz und Hochmut – verzeiht, ich kann Pferde nicht leiden –, sondern ich, der kleine Esel, sollte ihn tragen. Klar, ich bin ein königliches Tier. So heißt es bereits bei David über ein Paar gesattelter Esel:

Die Esel sind für die königliche Familie
als Reittiere bestimmt.

Und beim Propheten Sacharja heißt es:

Juble laut, Tochter Zion!
Jauchze, Tochter Jerusalem!
Siehe, dein König kommt zu dir.
Er ist gerecht und hilft;
er ist demütig und reitet auf einem Esel,
auf einem Fohlen, dem Jungen einer Eselin.

An diesem Tag war ich also das königliche Reittier, ich gehörte dem Herrn.

Die beiden Jünger führten mich zu Jesus. Damit er auf meinem knochigen Rücken besser sitzen konnte, legten sie ihre Kleider darauf. Und dann nahm der Herr Platz auf mir, und ich trug ihn nach Jerusalem hinein. Es war die ehrenvollste Aufgabe meines Lebens.

Schließlich kenne ich meinen Herrn, den Herrn der Welt. Anders als die Menschen in Jerusalem. Die schrien zwar vor Begeisterung: »Hosanna dem Sohne Davids.« Aber Ihr wißt ja von dem Schrecklichen, das sie bereits fünf Tage später mit Jesus machten.

Genau das ist der Punkt, worauf ich hinauswill. Ihr Menschen schreit an einem Tag »Hosanna«, und am anderen kreuzigt Ihr ihn. An einem Tag ist Euch der Glaube gut und wichtig, am nächsten habt Ihr alles vergessen. An einem Tag bindet Ihr Euch an den Herrn, am nächsten kann man schon nichts mehr davon spüren.

Nehmt Euch also ein Beispiel an mir Esel. Von der Krippe bis zum Kreuz war ich in der Nähe des Herrn, unbeachtet, aber treu, beschimpft und geschlagen, aber zum Dienen bereit, wenn ich gebraucht wurde. Und vor allem: Ich Esel kenne meinen Herrn.

Nehmt Euch das neu vor, jetzt in der Karwoche und das ganze Jahr hindurch. Haltet zum Herrn, auch wenn Euch mancher Zeitgenosse dann für einen Esel hält. Denkt daran, wir Esel sehen manchmal viel weiter.

Mit einem kräftigen Gruß verabschiedet sich von Euch

Euer *Esel*

Simon Petrus

Gründonnerstag

Ihr Christen und all Ihr Bewohner dieses Landes!

Es ist mir sehr wichtig, Euch an diesem Tag zu schreiben. Ich könnte es auch an Ostern tun oder besser noch an Pfingsten wie damals, als ich meine erste Predigt gehalten habe. Aber ich wähle den Gründonnerstag, damit Ihr nicht meint, ich würde mich vor dem schlimmsten Stück meiner Lebensgeschichte drücken. Ich will ganz offen zu Euch sein, und diese Offenheit soll Euch Mut machen.

An jenem Abend habe ich versagt. Ich will mich nicht mit langen Entschuldigungen abgeben, sondern offen bekennen: Ich habe gelogen, dreimal, ich habe meinen Herrn und Meister verleugnet. Das war die schmachvollste Stunde in meinem Leben, und ich bereue alles sehr.

Eigentlich hätte ich ja alles kommen sehen können. Jesus hatte so oft davon gesprochen, daß er leiden und sterben müsse. Und wir wußten doch alle von der aufgeheizten Stimmung in Jerusalem. Die Mächtigen dort warteten nur darauf, ihn in die Hand zu bekommen. So war sein Weg nach Jerusalem ein

Weg in den Tod. Es konnte gar nicht anders kommen.

Dennoch, wir alle haben das nicht wahrhaben wollen. Und der Empfang in Jerusalem war ja auch ganz anders. »Hosanna dem Sohne Davids«, schrien die Leute. Da hofften wir, Jesus würde seine große Macht als Prophet zeigen und das Reich Israel neu errichten.

Aber alles kam anders. Ich werde nie vergessen, als wir zum letzten gemeinsamen Essen um einen Tisch versammelt waren. Jesus brach das Brot und gab es uns. Er reichte uns auch den Becher mit Wein. Mir war, als schenkte er sich uns mit diesen Gaben. Nie habe ich eine tiefere Verbundenheit zu ihm gespürt als in diesem Augenblick. Aber auch nie lief es mir so eiskalt den Rücken herunter, als er mir nach dem Mahl sagte:

Noch bevor der Hahn kräht,
wirst du mich dreimal verleugnen.

In der folgenden Nacht überschlug sich alles. Der Weg aus der Stadt heraus in den Garten, in dem wir schon so oft gelagert hatten. Das Beten Jesu, das ich nur halb mitbekommen habe, weil ich immer wieder einschlief. Dann die Soldaten, und mit ihnen der Verräter. Ich war so außer mir, daß ich zum Schwert griff. Doch Jesus hielt mich zurück. Er sagte einen seltsamen Satz:

Steck das Schwert in die Scheide!
Der Kelch, den mir der Vater gegeben hat –
soll ich ihn nicht trinken?

Wir folgten Jesus und den Soldaten bis in den Hof des hohenpriesterlichen Palastes. Dort warteten wir wie gelähmt. Und dann kam der Augenblick meines größten Versagens. Ich hatte so entsetzliche Angst, daß ich dreimal leugnete, zu diesem Jesus zu gehören.

Heute schäme ich mich für ein solches Verhalten. Heute weiß ich, daß ich mich hätte zu ihm bekennen sollen. Und ich glaube, heute könnte ich es auch. Aber das liegt nicht an mir, das liegt daran, daß wir inzwischen noch viel mehr mit diesem Jesus erlebt haben. Zuerst waren es nur Leid und Trauer. Unser Herr endete am Kreuz. Einige von uns gingen von Jerusalem weg. Was sie sich erhofft hatten, war zerstört, sie hatten keinen Mut mehr.

Dann folgten Verwirrung und Bestürzung, als die Frauen kamen und etwas vom leeren Grab stammelten. Johannes und ich liefen, so schnell wir konnten, zum Grab. Und auch wir fanden das Grab leer. Wir fanden den Herrn nicht. Unsere Bestürzung wuchs. Niemand konnte das verstehen.

Erst am Abend wurden uns die Augen geöffnet. Der Herr war auf einmal mitten unter uns. Er grüßte uns mit dem Gruß, den er immer gesprochen hatte. Wir erkannten ihn sofort. Von diesem Augenblick an wurde unser Leben ganz anders, von diesem Augenblick an wurde ich ein anderer Mensch, ein österlicher Mensch.

Soviel zu dem, was ich erlebt habe. Ich möchte es Euch ganz deutlich sagen: Ich habe in diesen Tagen den tiefsten Punkt meines Lebens erreicht, zugleich aber auch die große Wende. Der Herr hat mein Leben verändert. Er ließ mich neu anfangen, er gab mir einen Auftrag, er sandte mich in die Welt, Menschenfischer zu werden.

Damit komme ich zu Euch. Vielleicht macht Ihr ähnliche Erfahrungen in Eurer Bindung an den Herrn. Vielleicht ist dieser Jesus, der Christus Gottes, auch der Wendepunkt Eures Lebens. Vielleicht habt Ihr bereits gespürt, daß Euer Leben zu ganz neuen Möglichkeiten auferstehen kann, daß Ihr Hoffnung und Zuversicht haben dürft, weil er der

Herr ist. Vertraut ihm Euer Leben an, und laßt Euch von ihm senden, so wie ich es gemacht habe. Dann wird Euer Leben gelingen.

Vielleicht habt Ihr umgekehrt auch Erfahrungen mit Eurer Schwachheit und Eurem Versagen gemacht. Vielleicht seid Ihr einen Weg gegangen, der Euch vom Herrn entfernt hat. Doch auch dann schaut auf mich, und faßt neuen Mut. Ihr könnt immer wieder neu beginnen. Ihr seid nicht verloren, sondern der Herr schenkt Euch einen neuen Anfang. In ihm könnt Ihr die Güte und Menschenfreundlichkeit Gottes erblicken, in ihm hat die Vollendung bereits begonnen. So habe ich damals an Pfingsten auch den Menschen in Jerusalem sagen können:

In keinem anderen ist das Heil zu finden.
Denn es ist uns Menschen kein anderer Name
unter dem Himmel gegeben,
durch den wir gerettet werden sollen.

Ich wünsche Euch, daß Ihr aus diesem Glauben heraus lebt. Ich wünsche Euch Mut und Hoffnung. Ich wünsche Euch eine lebendige Bindung an den auferstandenen Herrn.

Einen guten Gruß sendet Euch ein Versager, der neu anfangen durfte.

Simon, auch *Petrus* genannt

Judas Iskariot

Gründonnerstag

Ihr Jünger des Jesus von Nazaret!

Mit zitternden Händen schreibe ich Euch diesen Brief. Es wird wohl mein letzter sein, denn mein Leben hat jetzt keinen Sinn mehr. Ich bin ganz verzweifelt über das, was ich angerichtet habe. So sollte es wirklich nicht kommen. Aber jetzt ist es zu spät. Ich kann nicht wiedergutmachen, was geschehen ist. Aber ich kann mit meiner Schuld auch nicht weiterleben.

Ihr wißt von dem, was ich gemacht habe. Ich habe Jesus an die Soldaten der Hohenpriester verraten. Ich habe ihn ans Kreuz gebracht. Ich bin schuld an seinem Tod. Mein Gott, vergib mir.

Das alles habe ich nicht gewollt. Ich wollte nur endlich Klarheit. Ich wollte, daß es endlich weiterginge. Ich wollte, daß Jesus sich endlich aufmachen würde, das so oft versprochene Reich Gottes zu errichten. Er sollte nicht nur reden, sondern endlich handeln. Mit Macht und Herrlichkeit sollte er sich als der Herr erweisen, der das neue Israel aufbaut und die Römer aus unserem Land vertreibt.

Von Euch wird mir manchmal vorgeworfen, ich sei nur hinter dem Geld hergewesen. Oder ich hätte Geld aus der Kasse der Jünger veruntreut. Doch das sind nur böse Gerüchte, die nicht stimmen und die erst nach allem entstanden sind. Gut, ich habe dreißig Silberstücke erhalten, aber ich habe sie nicht behalten. Mir ging es nicht ums Geld. Mir ging es darum, Jesus endlich zum Handeln zu bringen.

Am letzten Sonntag hatte ich gehofft, es wäre soweit. Sein Einzug in Jerusalem war – bis auf den Esel, ein Pferd wäre mir lieber gewesen – der Einzug eines Königs. So hätte er weitermachen sollen. Und als er dann die Händler aus dem Tempel vertrieb, als er sich vor Eifer verzehrte, um das Haus Gottes zu einem Haus des Gebetes zu machen, da war ich voller Erwartung: Jetzt würde es geschehen. Jetzt würde er den großen Aufstand anführen und als König des neuen Reiches Israel, als zweiter David, regieren.

Aber Jesus zog sich nach alldem wieder zurück. Er überließ das Feld der anderen Seite, den Hohenpriestern und Schriftgelehrten vom Tempel. Ich mußte mich in ihm getäuscht haben, so dachte ich. Nun wollte ich es erzwingen. Er sollte Farbe bekennen. Er sollte zeigen, was in ihm steckt. Er sollte sich als der Messias erweisen.

Und das würde er tun, so dachte ich, wenn er durch die äußeren Umstände dazu gezwungen würde. Deshalb bin ich zu den Hohenpriestern gegangen, um ihn auszuliefern. So sollte sich seine Macht vor allem Volk offen zeigen.

Ich war erschüttert, als wir gestern abend zum Essen versammelt waren. Er muß gewußt haben, was ich getan hatte. Denn er sagte:

Einer von euch wird mich verraten
und ausliefern.
Der Menschensohn muß zwar

seinen Weg gehen,
wie die Schrift über ihn sagt.
Doch weh dem Menschen,
durch den der Menschensohn verraten wird.
Für ihn wäre es besser,
wenn er nie geboren wäre.

Bei diesen Worten hat er mich nur angesehen. Ich bin vor Scham fast in den Boden gesunken. Aber dann stand ich auf und ging hinaus.

Am Abend dann führte ich die Soldaten zu ihm in den Garten Getsemani. Ich gab ihm den üblichen Begrüßungskuß und damit den Soldaten ein Zeichen, ihn zu ergreifen. Es gab einen Tumult, als Petrus zum Schwert griff, aber dann setzten sich die Soldaten durch und führten Jesus ab.

Und Jesus tat nichts. Er ließ sich abführen, wie man ein Lamm zur Opferbank führt. Auch beim Verhör durch die Hohenpriester und Ältesten ließ er alles über sich ergehen. So verurteilte man ihn zum Tode und brachte ihn zu den Römern. Spätestens jetzt mußte er zeigen, daß er der Messias ist. Spätestens jetzt mußte sich seine Macht und Herrlichkeit erweisen und alles zum Guten wenden. Aber nichts geschah.

Ich war wie erstarrt. Ich hatte mich in ihm geirrt. Er war nicht der, den ich uns erhofft hatte. Wer so wie er seinen Weg zum Kreuz ging, konnte nicht der verheißene Messias sein. Alles war umsonst gewesen. Und damit auch mein Verrat. Ich hatte einen Unschuldigen ausgeliefert und zu Tode gebracht. Ich war schuld an seinem Tod, ich allein.

Ich wollte alles rückgängig machen, den Hohenpriestern die Silberstücke bringen, ihn damit freikaufen. Aber sie lachten mich nur aus. Sie waren froh, ihr Ziel erreicht zu haben. Darauf hatten diese Leute lange genug gewartet.

Voller Verzweiflung lief ich weg. Jetzt steht mir das Ende vor Augen. Und so ist dies mein letzter Brief, mein Testament.

Euch kann ich nicht viel sagen. Von Eurem Leben weiß ich nichts Richtiges. Man sagt mir, daß Ihr an diesen Jesus glaubt. Und das deshalb, weil sein Tod am Kreuz nicht das Ende war, sondern der neue Anfang, den ich herbeiführen wollte. Aber solche Sätze kann ich nicht glauben. Ich bin gescheitert. Ich bin am Ende.

Wenn Ihr noch etwas für mich tun wollt, betet für mich. Und für alle anderen, deren Leben scheitert.

Judas, der Verräter

Der römische Hauptmann

Karfreitag

Seid gegrüßt!

Es schreibt Euch ein römischer Hauptmann vom anderen Ende des großen Meeres aus der Stadt Jerusalem in der Provinz Juda. Seit fünf Jahren bin ich in diesem Land, und mein Dienst ist oft hart.

Die Menschen in diesem Land sind nämlich in vielen Dingen seltsam. Sie ereifern sich schnell, es gibt Unruhe und manchmal auch Aufruhr. Meistens geht es dabei um irgendeine religiöse Frage, die ich nicht verstehe. Warum glauben sie nicht wie wir Römer an die Götter und an den göttlichen Kaiser? Dann würden wir uns verstehen. Aber die Juden haben einen eigenen Gott – oder sie glauben zumindest, daß sie ihn für ihr Volk haben. Dem opfern sie in ihrem Tempel in Jerusalem.

Dagegen hätte ich nichts, wenn dieser Tempel nicht immer wieder eine Quelle der Unruhe würde. Dann muß unsere Kohorte aus der Burg ausrücken, zum Glück sind es nur wenige Schritte bis zum Tempel, und dort für Ruhe sorgen – notfalls mit dem Schwert.

Ich muß gestehen, daß wir dabei nicht kleinlich vorgehen. Schließlich sind wir Römer. Wir haben für den Frieden in der Welt zu sorgen, von einem Ende des großen Meeres bis zum anderen. Auf irgendwelche Unruhestifter kommt es dabei nicht an. Wenn sie keine Vernunft annehmen, werden sie ans Kreuz geschlagen. Basta. Aus.

In Jerusalem haben wir für solche Zwecke einen eigenen Ort vor der Stadt auf einer kleinen Anhöhe; Golgota nennen die Juden diesen Platz, »Schädelhöhe«. Und genau an diesem Ort ist vorgestern etwas geschehen, was mich so in Unruhe versetzt hat, daß ich Euch diesen Brief schreibe.

Ich hatte mit meinen Männern Dienst. Wir mußten an diesem Tag drei Verbrecher kreuzigen. Zwei, so sagte man uns, sollten irgendwelche Räuber sein, der dritte hätte sich zum König der Juden machen wollen. Das stand auch auf einer Tafel, die wir an den Kreuzbalken nageln sollten.

Zuerst lief alles wie sonst auch. Geißelung, Marsch zum Hinrichtungsplatz, das Verteilen der Kleider, Annageln und Aufrichten des Kreuzes. Es war wie immer, und doch war es anders. Dieser dritte Mann berührte mich ganz seltsam. Wißt Ihr, wenn man solche Kreuzigungen öfter macht, gewöhnt man sich daran. Man gewöhnt sich an alles. Und meistens sehe ich mir diese Todgeweihten gar nicht richtig an, ihr Gesicht interessiert mich nicht.

Bei diesem aber war das anders. Ich weiß nicht wie, aber ich war gezwungen, ihm immer wieder in die Augen zu sehen. Dabei sprach er nicht. Er wehrte sich auch nicht wie die anderen. Er ließ alles über sich ergehen. Es war, als ob er bereits in einer anderen Welt wäre.

Er starb dann sehr schnell. Er war wohl schon sehr schwach, als wir ihn aus der Stadt herausführten. Wir mußten sogar irgendeinen Juden zwingen, ihm beim Kreuztragen zu helfen. Aber ich glaube, daß sein Tod anders war als bei den vielen, die ich bereits gekreuzigt habe.

Im Tod strahlte er etwas aus, das ich noch nie erlebt habe. Ich war betroffen, wie von einer geheimnisvollen Macht angerührt. Ich bin ein harter Mensch, den Göttern opfere ich nur hin und wieder bei besonderen Gelegenheiten. Aber hier spürte ich etwas von einer göttlichen Kraft. Dieser Gekreuzigte hatte mit Gott zu tun. So rief ich meinen Leuten zu:

Wahrhaftig,
dieser Mensch war Gottes Sohn.

Was dann heute morgen geschah, bestätigt das, was ich spürte. Wir hatten eine Wache am Grab gelassen, um weitere Unruhen zu vermeiden. Doch diese Grabwache kam völlig aufgelöst zurück, geblendet von einem strahlenden Licht. Und schlimmer noch, sie erzählten, das Grab sei leer und sie wüßten nicht, wie dies geschehen sein könne. Sie hätten nicht geschlafen.

Das sagen die Wachen zwar immer, wenn irgend etwas schiefgeht. Aber in diesem Fall glaubte ich ihnen. Hier passierte etwas Ungewöhnliches, etwas, das noch nie dagewesen war. Ich bin fest davon überzeugt: Dieser Gekreuzigte hat auf unbegreifliche Weise mit Gott zu tun. Aber mehr kann ich dazu nicht sagen.

Man erzählt mir, daß Ihr zu diesem Mann betet. Ja mehr noch, Ihr hängt Euch zur Erinnerung an ihn kleine Kreuze in Eure Zimmer oder sogar um den Hals. Ehrlich, ich finde das geschmacklos, ein Kreuz ist kein Schmuckstück, sondern eine blutige, tödliche Sache.

Vielleicht könnt Ihr mir einmal erklären, warum Ihr das tut und was Euch dieser Mann, der sogenannte König der Juden, bedeutet. Und was es mit dem leeren Grab auf sich hat. Wie gesagt, ich bin kein sehr religiöser Mensch, das geht bei meinem Beruf auch gar nicht. Aber die Unruhe, die ich seit vorgestern in mir spüre, hat mich verändert. Ich frage mich sogar, ob es richtig war, ausgerechnet diesen Menschen zu töten. So etwas habe ich mich noch nie gefragt.

Also, Ihr Menschen im Norden, erklärt mir, dem fragenden römischen Hauptmann, und vielleicht noch vielen anderen, die Euch fragen, doch, was mit diesem Menschen ist. Erklärt, warum Ihr an ihn glaubt, warum Ihr zu ihm betet, warum er Eure Hoffnung ist. Erklärt, warum Ihr Euch nach ihm benennt.

Wenn dieser nämlich wirklich von Gott ist, wenn er Gottes Sohn ist, dann müssen das alle Menschen wissen, wir Römer, aber auch die anderen Völker, ja selbst die Barbaren.

Seid also gegrüßt.

Der römische Hauptmann

Maria aus Magdala

Osternacht

Ihr Jünger des Auferstandenen!

An diesem Tag, an dem Ihr meinen Herrn und Meister feiert, möchte ich Euch einen Brief schreiben. Er selbst nämlich hat mich beauftragt, denen, die ihm nachfolgen, eine frohe Botschaft zu verkünden. Da Ihr an ihn glaubt, da Ihr Euer Leben auf ihn ausrichten wollt, gilt Euch mein besonderer Gruß und die Botschaft dieses Briefes.

Ich muß vorausschicken, daß ich zum Herrn eine besondere Beziehung habe. Er hat mir schlicht und einfach das Leben gerettet, oder besser gesagt: Er hat mir ein neues Leben geschenkt. Das werde ich nie vergessen, und ich werde ihm immer dankbar sein.

Ihr könnt Euch wahrscheinlich nicht vorstellen, was es heißt, mit der Angst im Nacken zu leben. Nicht mit irgendeiner Angst, sondern mit der großen Lebensangst, daß alles zusammenbricht, mit der Angst, daß du nichts wert bist, daß du von niemandem geliebt und angenommen wirst, daß dein Leben umsonst ist. Ich habe in solcher Weise gelebt, wie von allen guten Geistern verlassen, wie ergriffen von bösen Mächten, von Dämonen der Angst und Verzweiflung, die mich einschnürten und bedrängten.

Und dann kam er, und alles wurde anders. Ich konnte auf einmal wieder durchatmen. Eine neue Weite, eine große Freiheit tat sich auf für mich. Ein neues Leben begann. Die alte Angst, diese fürchterliche Not, die Dunkelheit, alles war vorbei. So begann ich, hinter dem Herrn herzugehen, mein Leben an ihn zu binden.

Nicht jeder hat das verstanden. Manche machten auch seltsame Anspielungen. Aber sollte ich den vergessen, der mich befreit hat, sollte ich den verleugnen, der mein Leben ist? Sollte ich den nicht lieben, der mich geliebt hat?

Doch was dann geschah, war entsetzlich. Vor dem Weg nach Jerusalem hatten wir ihn gewarnt. Wir kannten doch die Mächtigen in dieser Stadt. Sie würden alles versuchen, um ihn zu vernichten. Und genauso ist es gekommen. Er jedoch sprach immer vom Willen seines Vaters und davon, daß die Schrift erfüllt werden müsse. Das habe ich nicht verstanden.

Ich konnte ihm nur mit Tränen in den Augen folgen. Bis hin zum Kreuz. Die beiden anderen Marias hielten auch durch, zusammen mit dem Jünger, den er liebte. Als der Herr starb, brach für mich eine Welt zusammen. Die alten Dämonen kamen wieder, die Dunkelheit verdrängte das Licht, all meine Hoffnung war dahin.

So stand ich auch heute morgen weinend vor der Grabkammer draußen vor der Stadt. Für mich war eine Welt zusammengebrochen. Ich lehnte mich nach vorn. Und auf einmal war da das gleiche Licht wie damals, als die Dämonen der Angst verschwanden.

Nur heute noch viel stärker, viel intensiver, viel mächtiger.

Was sollte ich davon halten? Der Herr war doch tot. Aber mehr noch: Auch sein Leichnam war nicht da. Ein leerer Platz und das strahlende Licht, aber er war verschwunden. Man hatte ihn mir weggenommen. Doch dann hörte ich eine Stimme hinter mir:

Frau, warum weinst du?
Wen suchst du?

Ich dachte zuerst, es sei der Gärtner, der die Anlage in Ordnung hält. Wer sonst sollte bereits am frühen Morgen hier herumlaufen? Ob er den toten Herrn weggenommen hatte? Ich fragte ihn danach, jedoch er antwortete nur mit einem Wort:

Maria!

Als er meinen Namen nannte, fiel es mir wie Schuppen von den Augen: Mein Herr und Meister. Er war es. Er sprach mich an wie damals. Er wandte sich mir zu wie damals. Er befreite mich von Dunkelheit wie damals. Er war nicht tot, er lebte. Doch dann sprach er weiter:

Halte mich nicht fest;
denn ich bin noch nicht zu meinem Vater
hinaufgegangen.
Geh aber zu meinen Brüdern,
und sag ihnen:
Ich gehe hinauf zu meinem Vater
und zu eurem Vater,
zu meinem Gott und zu eurem Gott.

Dann war er verschwunden. Doch meine Trauer, meine Angst, meine Verzweiflung waren wie weggewischt. Eine unbeschreibbare Freude ergriff mich: Er lebt!

So schnell, wie ich konnte, lief ich zurück in die Stadt. Ich traf die Jünger, traurig und resigniert. Einige wollten aufbrechen, um in ihr Heimatdorf zu ziehen. Doch jetzt war alles anders. Jetzt sollten auch sie an ihn glauben. Jetzt war wieder Hoffnung da.

Ich erzählte ihnen, daß ich den Herrn gesehen hätte. Manche hielten das für dummes Geschwätz, Frauen haben für diese Männer nichts zu sagen. Andere blickten erstaunt und verwirrt. Sollte das wirklich wahr sein?

Ich halte es für wahr und glaube fest daran. Der Herr ist von den Toten auferstanden, er ist wahrhaft auferstanden, Halleluja! Ihr dürft Euch freuen. Ihr dürft jubeln. Ihr dürft Gott preisen, denn die Dunkelheit, die Dämonen der Angst, die Verzweiflung und die Mutlosigkeit, alles ist dahin. Das Licht des Herrn hat mich ergriffen, es wird auch Euch ergreifen, wenn Ihr Euch an ihn bindet.

So feiert Euer Fest mit großer Freude. So feiert den Herrn mit tiefem Glauben. So feiert den Sieg über den Tod mit großer Hoffnung.

Ich habe den Herrn gesehen. Ich wünsche Euch, daß Ihr ihn auch seht und daß er Euch nahe ist.

Voller Freude und in großer Liebe

Eure *Maria aus Magdala*

Der Engel

Ostern

Fürchtet Euch nicht, Ihr Menschen!

Diese Botschaft habe ich Euch bereits an Weihnachten zugerufen. Heute tue ich es wiederum, und größere Freude als an Weihnachten soll Euch erfüllen. Denn heute ist der Tag Eures Heils. Der Tod ist besiegt. So freut Euch und jubelt. Feiert diesen Tag als das Fundament Eures Glaubens.

Fürchtet Euch nicht, wenn ich, ein Engel, Euch in diesem Brief anspreche. Ich bin nur ein Bote, auf mich kommt es nicht an. Wohl aber auf die Botschaft, die ich zu überbringen habe. Es ist eine Gute Nachricht, es ist *das* Evangelium.

Mit meiner Botschaft an Euch Menschen des zwanzigsten Jahrhunderts wiederhole ich, was ich damals den beiden Frauen am Grab gesagt habe. Maria aus Magdala und die andere Maria waren am ersten Tag der Woche, am Tag also, den Ihr Sonntag nennt, schon in aller Frühe zum Grab gekommen. Trauer, Angst und Kummer prägten ihre Gesichter. Sie waren über lange Zeit hinweg Jesus nachgefolgt, hatten seine Botschaft gehört, seine Taten gesehen. Sie hielten unter dem Kreuz aus bis zum Ende. So waren sie ihm noch treu, als die Männer des Jüngerkreises bereits geflohen waren.

Sie sollten deshalb als erste Zeugen die Botschaft der Auferstehung erfahren. Das findet Ihr seltsam, weil damals das Zeugnis von Frauen nicht ernst genommen wurde? Aber Gott denkt anders. Bei Gott gibt es keine Unterschiede zwischen Männern und Frauen. Das solltet Ihr in Eurer Kirche einmal gründlich bedenken.

Die beiden Frauen also und nicht die Apostel kamen zum Grab und hörten meine Botschaft. Und dies habe ich ihnen damals gesagt:

Fürchtet euch nicht!
Ich weiß, ihr sucht Jesus, den Gekreuzigten.
Er ist nicht hier;
denn er ist auferstanden,
wie er gesagt hat.
Kommt her
und seht euch die Stelle an, wo er lag.
Dann geht schnell zu seinen Jüngern
und sagt ihnen:
Er ist von den Toten auferstanden.
Er geht euch voraus nach Galiläa,
dort werdet ihr ihn sehen.

Die Frauen hörten meine Worte und waren wie verändert. Voller Freude liefen sie in die Stadt zurück und verkündeten den Jüngern die frohe Botschaft: Der Herr ist auferstanden. Sie waren die ersten Missionare, die die Auferstehung des Herrn verkündeten. Wenn Ihr mir eine persönliche Zwischenbemerkung erlaubt: Ich kann nicht verstehen, daß Frauen in Euren Gottesdiensten nicht mehr die Auferstehung verkünden dürfen. Haben die Männer bei Euch Angst davor? Damals jedenfalls, am Anfang, war das anders.

Aber zurück zum Anlaß meines Schreibens: Wie damals den beiden Frauen, so rufe ich auch Euch heute zu:

Fürchtet euch nicht.
Ihr sucht Jesus, den Gekreuzigten.
Er ist auferstanden, wie er gesagt hat.

Auch Ihr erlebt Kummer und Leid auf vielfältige Weise. Die Welt ist bei Euch genausowenig in Ordnung, wie sie es vor zweitausend Jahren war. Krieg und Streit, Angst und Hoffnungslosigkeit prägen Euer Leben ebenso, wie sie das Leben der Menschen damals prägten. Jeder hat seinen persönlichen Kummer, sein persönliches Kreuz zu tragen. Jeder hat auf irgendeine Weise seinen Kreuzweg zu gehen.

Doch mitten in diese Dunkelheit hinein verkünde ich Euch die Botschaft der Hoffnung. Gott läßt seinen Christus nicht in der Dunkelheit des Todes. Er läßt auch Euch nicht in Eurer Dunkelheit. Es gibt die Auferstehung zu neuem Leben, zu vollendetem Leben, zu neuer Gemeinschaft mit Gott und den Menschen.

Das fällt Euch schwer zu glauben? Öffnet doch die Augen, und seht, wie es überall Zeichen der Auferstehung gibt, Zeichen des Lebens mitten im Tod. Ich will nicht groß auf das aufbrechende Leben in der Natur hinweisen, das könnt Ihr in dieser Frühlingszeit leicht feststellen. Aber wenn es so viel Leid, so viele kleine Tode im Leben gibt, dann gibt es umgekehrt auch so viel Auferstehung und Neubeginn. Schaut Euch doch einmal um, und nehmt Euer Leben aufmerksam wahr.

Wo Menschen sich aufraffen, einen Streit zu beenden, wo sie neu miteinander anfangen, da ist Auferstehung. Wo die Liebe eines Menschen einen anderen zu neuer Lebenshoffnung erweckt, da ist Auferstehung. Wo Menschen miteinander teilen und so das Leben fördern, da ist Auferstehung. Sucht selbst noch andere Beispiele. Mehr noch: Versucht, Auferstehung in Eurem Leben Wirklichkeit werden zu lassen.

Wie die vielen kleinen Tode mitten im Leben nur Vorzeichen des endgültigen Todes sind, so sind auch die vielen kleinen Zeichen der Auferstehung Vorzeichen dafür, daß der Herr den Menschen nicht im Tod läßt. Die Auferstehung Jesu, des Christus Gottes, ist das Unterpfand der Auferstehung aller. Paulus hat dazu geschrieben:

Wie Christus durch die Herrlichkeit des Vaters
von den Toten auferweckt wurde,
so sollen auch wir als neue Menschen leben.
Wenn wir nämlich ihm gleichgeworden sind
in seinem Tod,
dann werden wir mit ihm
auch in seiner Auferstehung vereinigt sein.

Habt also Hoffnung. Freut Euch. Verkündet auch Ihr die Frohe Botschaft. Gott läßt seinen Christus nicht im Tod, Gott läßt Euch nicht im Tod. Der Herr über Tod und Leben schenkt Euch neues Leben, Auferstehung zu seiner Herrlichkeit. Das dürft Ihr an Ostern feiern und jeden Tag des Jahres aufs neue.

Ich grüße Euch mit dem Ostergruß: Halleluja – lobet Gott!

Der Engel vom Grab

Thomas

2. Sonntag der Osterzeit

Liebe Jünger des Herrn!

Ich bin ein kritischer Mensch. Mir macht so schnell keiner etwas vor. Und wenn mir einer etwas sagt, dann überprüfe ich das mit meinen eigenen Augen. Somit passe ich vielleicht ganz gut zu Euch Menschen des zwanzigsten Jahrhunderts. Ihr wollt auch nicht länger irgendwelche Märchen glauben. Ihr fragt wie ich nach dem Was und Wie. Ihr wollt wissen, wie etwas geschehen ist. Ihr laßt Euch nicht mit billigen Erklärungen abspeisen.

Ich glaube nach wie vor, daß es richtig ist, wenn man so lebt. Allerdings gibt es auch Ausnahmen. Es gibt Dinge, die kann man nicht weiter hinterfragen, die kann man nur annehmen. Es gibt Ereignisse, da führt die Frage nach dem *Wie* nicht weiter, da ist es genug, wenn man sagen kann, *daß* es geschehen ist.

Ich habe das in meinem Leben erfahren und mühsam lernen müssen. Damit Ihr für Euer Leben lernt, möchte ich Euch in diesem Brief erzählen, wie ich den Glauben an den Auferstandenen lernen mußte.

Von der schrecklichen Weise, wie der Herr am Kreuz der Ungläubigen gestorben ist, wißt Ihr. Ihr habt von seinem Leidensweg gehört und sicher auch davon, daß wir Jünger bei alldem nicht durchgehalten haben. Ich muß gestehen, wir waren feige; wir hatten Angst, die Führer unseres Volkes könnten auch uns anklagen und von den Römern töten lassen. So hat sich einer nach dem anderen davongemacht, selbst Petrus, der sonst immer so mutig geredet hat.

Auch ich habe mich zurückgezogen. Nach dem Todestag des Herrn habe ich mich von den anderen Jüngern getrennt. Ich habe mich irgendwo verkrochen, versteckt, wollte nichts mehr sehen und vor allem von niemandem gesehen werden. Ich war so mutlos und ohne Hoffnung.

Erst eine Woche später traf ich wieder einige aus dem Jüngerkreis. Ich war zuerst sprachlos, als sie mir sagten:

Wir haben den Herrn gesehen.

Doch dann dachte ich: Die sehen jetzt wohl Gespenster. Tot ist tot. Sie aber blieben dabei und redeten von Auferstehung und davon, daß sie vom Herrn gesendet wären. Ich sagte ihnen meine Meinung. Und damit ein für allemal Klarheit ist, entgegnete ich ihnen:

Wenn ich nicht die Male der Nägel
an seinen Händen sehe
und wenn ich meinen Finger
nicht in die Male der Nägel
und meine Hand nicht in seine Seite lege,
glaube ich nicht.

Damit war ihr Reden für mich abgetan. Ich glaube, Ihr hättet ebenso gesprochen: von den Toten auferstanden ...

Vielleicht aber war es für mich doch nicht abgetan. Die ganze Woche nagte es in mir: Was ist, wenn doch irgend etwas an ihrem Reden dran ist? Was ist, wenn es doch stimmt? Unsinn, dachte ich, es kann nicht sein. Aber trotzdem, ich ging eine Woche später in den Jüngerkreis.

Und da geschah es. Obwohl die Türen verschlossen waren, kam der Herr in unsere Mitte. Er war es, obwohl er ganz anders war als sonst. Ein Leuchten ging von ihm aus, Macht und Herrlichkeit wie nie zuvor. Er grüßte wie immer:

Friede sei mit euch.

Ich war wie geblendet und voller Furcht. Und ich erschrak noch mehr, als er sich nach dem Gruß an mich wandte und sagte:

Streck deinen Finger aus –
hier sind meine Hände!
Streck deine Hand aus,
und leg sie in meine Seite,
und sei nicht ungläubig, sondern gläubig.

Wenn Ihr mich fragt, ich kann Euch nicht erklären, wie der Herr zu uns kam, wie das Leben den Tod überwand, wie Gott ihm Auferstehung schenkte. Ich weiß nur, wie ich ganz überwältigt ihm zu Füßen sank und sagte:

Mein Herr und mein Gott.

Seit diesem Augenblick glaube ich. Und ich weiß, daß das Verstehen mit dem Kopf etwas anderes ist als der Glaube. Gewiß, wir versuchen, alles mit dem Kopf zu verstehen. Aber es gibt Dinge, da reicht unser Verstand nicht aus, da können wir nur dankbar annehmen, was uns geschenkt wird.

Die Begegnung mit dem Auferstandenen war für mich ein solches Geschenk. Es veränderte mein Leben. Ich wurde neu an den Herrn gebunden. Und ich folgte seinem Auftrag, bis an die Grenzen der Erde zu gehen und den Völkern seine Frohe Botschaft zu bringen. Nicht umsonst verehren mich viele Christen in Indien als den ersten Missionar ihres Landes.

Liebe Jünger des Herrn in einer ganz anderen Zeit! Ich bleibe ein kritischer Mensch. Aber ich weiß jetzt auch, daß es im Leben Tieferes, Geheimnisvolleres gibt als das, was wir mit unserem Verstand ermessen und fassen können. Ich weiß von der Kraft des Glaubens und von der Macht der Hoffnung.

So wünsche ich Euch, daß Ihr sehr wohl kritische Menschen bleibt. Ich wünsche Euch aber ebenso, daß Ihr auch Eure Grenzen erkennt, die Grenzen Eures Verstehens. Ich wünsche Euch, daß Ihr zu einem Glauben findet, der Euer Leben trägt. Bindet Euch an den Auferstandenen. Laßt auch Ihr Euch von ihm senden. Dann wird die frohe Botschaft von der Auferstehung auch weiterhin bis an die Grenzen der Erde gelangen.

Es grüßt Euch in gemeinsamem Glauben ein Mann, der als der »Ungläubige« bezeichnet wird, der aber zum Glauben gefunden hat.

Euer *Thomas*

Kleopas

3. Sonntag der Osterzeit

Liebe Jünger, die Ihr Eucharistie feiert!

Obwohl ich nur einer der unbedeutenden Jünger im Kreis der Urgemeinde in Jerusalem bin, schreibe ich Euch diesen Brief. Man hat mir nämlich gesagt, daß Ihr das Gedächtnis des Herrn begeht und an jedem Herrentag das Herrenmahl haltet. In Freude und mit Dank versammelt Ihr Euch und werdet durch den Herrn eine Gemeinschaft im Geist. Das Wort der Schrift ist in Eurer Mitte, und Ihr brecht das Brot, wie es der Herr getan hat. Ich freue mich, das zu hören. Am liebsten wäre ich mitten unter Euch und würde mit Euch feiern.

Ich hätte allen Grund dazu. Denn auch ich habe den Herrn erfahren im Wort der Schrift und im Brot. Auch zu mir hat der Herr gesprochen und mir das Brot gebrochen. So sind wir miteinander verbunden durch die gemeinsame Feier des Herrn. Ihr nennt diese Feier Eucharistie, und das ist gut so. Es ist richtig, Gott, dem Vater unseres Herrn Jesus Christus, zu danken. Es ist für Euch gut, in jeder Eucharistie Euren Dank vor Gott zu bringen.

Laßt mich Euch erzählen, wie ich den Herrn erfahren habe. Es war gleich nach jenen schweren Tagen in Jerusalem. Wir waren mit Jesus in die Stadt Davids eingezogen und waren erfüllt von der Hoffnung, daß er sich im Triumph als der Messias Gottes zeigen würde.

Doch das Gegenteil fand statt. Die Führer unseres Volkes ließen ihn ergreifen und den Römern überstellen. Und die töteten ihn am Kreuz, ihn, unseren Herrn, dem wir gefolgt waren und auf den wir alle Hoffnung gesetzt hatten. Für uns brach eine Welt zusammen. Alles schien jetzt sinnlos. Sinnlos auch, daß wir in Jerusalem blieben.

Einer der Jünger, ein Freund von mir, stammt wie ich aus dem Dorf Emmaus. Bereits früh am Morgen verließen wir beide Jerusalem, um nach Hause zu gehen. Wir waren traurig und niedergeschlagen. Zuerst blieben wir stumm, aber dann sprachen wir über die letzten Tage. Wir haben gar nicht gemerkt, daß ein Dritter dazukam. Er muß wohl auch gehört haben, was wir sprachen, denn er sagte:

Was sind das für Dinge,
über die ihr auf eurem Weg miteinander redet?

Wußte der Fremde nicht, was in Jerusalem geschehen war? Er kam doch auch aus der Stadt. Wir erzählten ihm von Jesus und von unserer Hoffnung. Wir erzählten ihm, daß Jesus ein großer Prophet gewesen sei, der mit der Vollmacht Gottes redete und handelte. Aber nun sei alles zu Ende. Wieder einmal sei in Israel ein Prophet getötet worden.

Das alles erzählten wir ihm. Ja, wir verschwiegen ihm auch nicht das Gerede unserer Frauen, die heute morgen irgend etwas von Engeln berichteten und davon, daß das Grab leer sei.

Als wir fertig waren, setzte jener Fremde zu einer langen Rede an. Wir dachten, daß er wohl ein Schriftgelehrter sein müsse, denn er legte uns die Schrift aus:

Wie schwer fällt es euch, alles zu glauben,
was die Propheten gesagt haben.
Mußte nicht der Messias all das erleiden,
um so in seine Herrlichkeit zu gelangen?

Um ehrlich zu sein, an diesem Morgen haben wir seine Worte nicht richtig verstanden. Wohl aber spürten wir, daß er mit Macht die Schrift auslegte, wir spürten, daß uns das Herz brannte bei seinen Worten.

Noch nie war uns der Weg in unsere Heimat so kurz vorgekommen wie an jenem Tag. Wir erreichten die ersten Häuser, als es dunkel wurde. Wie Ihr wißt, halten wir viel von Gastfreundschaft. So luden wir den Fremden ein, unser Gast zu sein und in unserem Haus zu bleiben.

Ein einfaches Abendessen war schnell gerichtet. Wie überrascht waren wir aber, als er bei Tisch die Rolle des Gastgebers ergriff, den Lobpreis sprach und das Brot brach. Und in dem Augenblick, als er das tat, gingen uns die Augen auf: Das war kein Fremder, das war der Herr selbst. Der Herr brach uns das Brot, der Herr hatte uns die Schrift erklärt und seinen Tod gedeutet. Im gleichen Augenblick, als wir ihn erkannten, sahen wir ihn nicht mehr.

Doch wir waren völlig verändert. Unser Kummer und unsere Enttäuschung waren wie weggewischt. Eine unbändige Freude ergriff uns: Der Herr ist auferstanden, er ist nicht tot, er lebt, und er ist uns erschienen. Das mußten auch die anderen Jünger erfahren.

So verließen wir noch in derselben Stunde Emmaus und gingen, nein liefen den Weg nach Jerusalem zurück. Mitten in der Nacht kamen wir an und fanden die anderen versammelt. Auch bei ihnen hatte sich etwas verändert. Auch sie waren voller Freude und erzählten uns:

Der Herr ist wirklich auferstanden
und ist dem Simon erschienen.

Was an diesem Tag begann, haben wir noch oft erlebt: Der Herr begegnete uns im Wort der Schrift und im Brechen des Brotes. So versammeln wir uns an jedem ersten Tag der Woche, am Herrentag, und halten miteinander Mahl, nicht irgendein Mahl, sondern das Herrenmahl. Wir feiern in dieser kleinen Gemeinde in Jerusalem das, was Ihr mit einem griechischen Wort Eucharistie nennt: Danksagung.

Liebe Jünger des Herrn! Feiert den Auferstandenen jede Woche aufs neue. Sagt Gott, dem Schöpfer des Himmel und der Erde, Dank für seinen großen Propheten, den er uns gesandt hat, für den Messias, der unsere Hoffnung und unser Leben ist. Feiert Eucharistie im Gedenken an den Herrn. Dann werdet auch Ihr mit großer Freude erfüllt, dann gewinnt Euer Leben eine neue Ausrichtung, so wie wir es erlebt haben.

Es grüßt Euch

Kleopas, einer der Jünger

Lukas

Christi Himmelfahrt

Hochverehrte Christen!

Schon viele haben es unternommen, Euch einen Brief zu schreiben und dabei zu berichten, was sich unter uns ereignet und erfüllt hat. Nun habe auch ich mich zu diesem Brief entschlossen, der Euch am Fest Christi Himmelfahrt erreichen soll.

Groß vorzustellen brauche ich mich wohl nicht. Zu oft hört Ihr Worte, die ich geschrieben habe, in meinem Evangelium oder in der darauf folgenden Apostelgeschichte. Damals wie auch heute bin ich daran interessiert, daß weitergegeben wird, was Jesus getan und gelehrt hat. Meine beiden Bücher habe ich zuerst für meinen Freund Theophilus geschrieben, aber ich bin froh und ein wenig stolz, daß sie immer wieder in christlichen Gemeinden gelesen werden, so auch bei Euch nach fast zweitausend Jahren.

Allerdings bin ich sehr verwundert, daß viele Menschen in Eurer Zeit Schwierigkeiten haben, meine Berichte richtig zu verstehen. In besonderer Weise gilt das für die Berichte von der Himmelfahrt Jesu am Ende des Evangeliums und am Anfang der Apostelgeschichte.

Viele halten diese Texte sogar für Märchen und dummes Zeug und fragen, wie man in einer modernen Zeit an so etwas wie Himmelfahrt glauben kann, wo uns die Naturwissenschaften doch so viel über den Himmel und das Weltall sagen. Ich möchte da zurückfragen: Versucht Ihr eigentlich, diese Texte so zu verstehen, wie wir sie gemeint haben? Versucht Ihr zu ergründen, wie wir die Dinge damals gesehen und in einer bildhaften Sprache ausgedrückt haben?

Eine Gasrechnung ist schließlich kein Gedicht und ein Liebeslied keine biologisch-medizinische Beschreibung eines weiblichen Körpers. Meine Himmelfahrtstexte sind ebenso keine naturwissenschaftlichen Texte, sondern sie sind Ermunterungen zum Glauben an Jesus, es sind religiöse, ja, wenn Ihr wollt, theologische Texte. Das müßt Ihr zuerst einmal beachten, sonst seid Ihr sofort auf dem falschen Gleis.

Bei solchen Texten gibt es eine Kernaussage, alles andere ist Ausschmückung, die der schönen Erzählung dient (ich hoffe, Ihr wißt meinen Stil zu würdigen). Die Ausschmückung wählt man als Autor nach dem Leser aus, ich also nach der Auffassungsgabe von Theophilus damals. Und ihm konnte ich nur in der Vorstellungswelt der damaligen Zeit schreiben, sonst hätte er nämlich gar nichts verstanden. Ich weiß, daß Ihr heute ein anderes – und naturwissenschaftlich richtigeres – Weltbild habt. Für Euch würde ich deshalb ganz anders schreiben. Aber jetzt steht mein Bericht nun einmal so da, wie er ist.

Was also war mir als Kerngedanke, als Grundaussage wichtig? Eigentlich nichts anderes als das, was Ihr an Ostern feiert: Gott hat Jesus, seinen Christus, nicht im Tod gelassen, sondern er hat ihn zu neuem

Leben erweckt, ja zu sich erhöht. Auferweckung und Erhöhung – das ist der Kern unseres Glaubens, und beides wollte ich in all meinen Berichten deutlich werden lassen. Die Erzählungen von den Erscheinungen des Auferstandenen vor seinen Jüngern und von der Himmelfahrt gehören demnach zusammen, sie sind miteinander österliche Berichte.

Ihr feiert in Euren Gemeinden Ostern und Himmelfahrt getrennt: Auferweckung und Erhöhung des Herrn zu Gott. Gut, das könnt Ihr machen, schließlich gibt es ja die Freiheit eines Christenmenschen, aber Ihr dürft nie vergessen, daß Ostern und Himmelfahrt (und auch noch Pfingsten) letztlich ein einziges Fest sind. Wir feiern den Auferstandenen, der zu Gott erhöht ist. (Daß manche von Euch auf recht seltsame Weise noch so etwas wie »Vatertag« feiern, kann ich überhaupt nicht verstehen.)

So, wenn Euch das klar ist, können wir zur Ausschmückung kommen: Da ist zuerst die Wolke, bei der Ihr immer an Regenwolken und ähnliches denkt. Also wieder sucht Ihr in der naturwissenschaftlichen Schublade Eures Gehirns. Völlig falsch. Die Wolke ist im Alten Testament ein Zeichen, ein Symbol der Herrlichkeit Gottes. Zumindest an die Wolke, die damals bei der Befreiung Israels aus Ägypten vor dem Volk herzog, müßtet Ihr Euch erinnern. Wenn ich also bei der Himmelfahrt Jesu erwähne, daß »ihn eine Wolke aufnimmt«, dann müßtet Ihr doch verstehen: Dieser Jesus, der am Kreuz starb, lebt in der Herrlichkeit Gottes, ja er sitzt zur Rechten Gottes.

Oder ein anderes Beispiel: die »zwei Männer in weißen Gewändern«, Engel, wie Ihr oft sagt. Mit Engeln, zumindest solchen vom Himmel, haben einige unter Euch erhebliche Schwierigkeiten. Dabei heißt Engel nichts anderes als Bote, Bote Gottes.

Zerbrecht Euch nicht den Kopf, ob es Engel gibt und wie sie aussehen. Achtet vielmehr darauf, daß Gott immer wieder zu Menschen spricht und ihnen etwas mitteilt. Und wie anders hätte ich damals erzählen können, daß die Jünger eine Botschaft von Gott erhalten haben? Um die Botschaft geht es, nicht um die Boten.

Deshalb schließe ich meinen Brief auch mit genau dieser Botschaft. Nur sage ich sie nun Euch, den Christen des zwanzigsten Jahrhunderts:

Ihr Männer – und natürlich auch ihr Frauen –,
was steht ihr da
und schaut zum Himmel empor?
Dieser Jesus, der von euch ging
und in den Himmel aufgenommen wurde,
wird ebenso wiederkommen,
wie ihr ihn habt zum Himmel hingehen sehen.

Noch vieles wäre zu sagen, doch ich möchte schließen und Euch von Herzen grüßen.

Euer *Lukas*

Petrus

Pfingsten

Ihr Bewohner dieses Landes!

Nun schreibe ich Euch doch noch einen Brief zu Pfingsten. Nach den schrecklichen Ereignissen vor Ostern, nach all dem, was wir mit dem Herrn dann nach dem Ostermorgen erlebt haben, habe ich wieder Stand gefaßt und möchte mich erneut an Euch wenden.

Schließlich hat der Herr mich und die anderen dazu beauftragt, seine Zeugen und Menschenfischer zu sein und zu Boten des Evangeliums zu werden. So hört diese meine Worte.

Ich schreibe diesen Brief an Pfingsten, dem Fest, das man bei Euch auch den Geburtstag der Kirche nennt. Dies ist ja richtig, gibt aber den Sinn des Festes nicht vollständig wieder. Eigentlich ist Pfingsten weniger ein Kirchenfest als ein Jesusfest: Jesus ist uns in seinem Geist nahe. Er bleibt bei uns, obwohl er in Gottes Herrlichkeit ist.

Dennoch, das Thema Kirche ist Euch zur Zeit wichtig. Und leider aus schlimmen Gründen. Da haben so viele Menschen Schwierigkeiten mit der

Kirche, manche verlassen sie sogar wütend und enttäuscht, manche resignieren und ziehen sich zurück. Und viele nutzen die Kirche nur ein paarmal in ihrem Leben, um einige Familienereignisse mit ein wenig kirchlichem Zuckerguß zu übergießen. Da gibt es zudem Streit zwischen Bischöfen und Theologen, zwischen Laien und Priestern, zwischen sogenannten »Fortschrittlichen« und sogenannten »Traditionalisten«.

So haben wir uns das damals nicht vorgestellt. Als wir an Pfingsten in Jerusalem von der abgeschlossenen Jüngergemeinde zur offenen Gemeinde der vom Herrn Gerufenen wurden – das bedeutet das griechische Wort »ekklesia« = Kirche –, stellten wir uns unsere Gemeinschaft weiß Gott anders vor, als sie heute bei Euch und überhaupt in der Weltkirche existiert: Wir spürten den Geist Gottes mitten unter uns, nicht den Geist von Streit und Zwietracht, von Macht und Druck, von Enttäuschung und Resignation. Nicht solch unheilige Geister sollen die Gemeinde Jesu prägen, sondern Gottes Heiliger Geist. Und der bewirkt Liebe und Frieden, Versöhnung und Dienst aneinander.

Bedenken wir das miteinander in einzelnen Punkten. Zuerst das Wichtigste überhaupt: Gemeinde und Kirche sind kein Selbstzweck, sondern dienen allein dazu, die Menschen einer jeden Zeit und einer jeden Kultur mit dem Herrn in Verbindung zu bringen. Ich habe das damals in meiner ersten Predigt in Jerusalem so ausgedrückt:

Kehrt um,
und jeder von euch lasse sich
auf den Namen Jesu Christi taufen
zur Vergebung seiner Sünden;
dann werdet ihr
die Gabe des Heiligen Geistes empfangen.

Denn euch und euren Kindern
gilt die Verheißung
und all denen in der Ferne,
die der Herr, unser Gott, herbeirufen wird.

Menschen also von nah und fern, ohne Unterschied von Rasse, Nationalität, Geschlecht oder sozialem Stand sollen zu Eurer Gemeinde gehören. Ja mehr noch: Alle sind berufen, Verantwortung für die Gemeinde zu tragen, alle gehören miteinander zum Volk Gottes. In dem ersten Brief, der meinen Namen trägt, steht dazu:

Laßt euch als lebendige Steine
zu einem geistigen Haus aufbauen,
zu einer heiligen Priesterschaft.

Ihr alle, Männer wie Frauen, Große und Kleine, seid also Volk Gottes und Gottes heilige Priesterschaft. Deshalb verstehe ich nicht, warum es in Eurer Kirche so seltsam zugeht. Gewiß, ein Dienst der Leitung muß sein, aber er kann nicht gegen den Glauben und das Leben des Volkes Gottes stehen. Und daß sich in diesem Punkt jemand auf mich beruft, ist in keiner Weise berechtigt.

Laßt Euch von mir ermahnen mit den Worten, die in diesem Brief einige Zeilen später stehen:

Seid alle eines Sinnes,
voll Mitgefühl und brüderlicher Liebe,
seid barmherzig und demütig!
Vergeltet nicht Böses mit Bösem
noch Kränkung mit Kränkung!
Statt dessen segnet;
denn ihr seid dazu berufen, Segen zu erlangen.

Wenn Ihr nach diesen Sätzen Euer Leben in den Gemeinden und in der ganzen Kirche ausrichtet, wird es bei Euch besser werden.

Vor allem aber müßt Ihr ein Weiteres berücksichtigen: Ihr müßt als Christen in Eurer Welt zu Menschen der Hoffnung werden, die Vertrauen ausstrahlen und die die Liebe leben. So wird Euer Beispiel andere zu Fragen anregen, warum Ihr so lebt.

Seid stets bereit,
jedem Rede und Antwort zu stehen,
der nach der Hoffnung fragt, die euch erfüllt.

Nehmt Euch also ein Beispiel an unserer ersten Gemeinde damals in Jerusalem. Gewiß, auch wir hatten unsere Schwierigkeiten und Konflikte, auch wir mußten unseren Weg suchen. Aber wir haben Wert darauf gelegt, daß nicht menschlicher Ungeist, sondern der Geist Gottes uns führte.

Und genau diesen göttlichen Geist wünsche ich Euch und Euren Gemeinden, heute am Pfingstfest und das ganze Jahr hindurch.

In geschwisterlicher Verbundenheit

Euer *Petrus*

Andreas

3. Sonntag im Jahreskreis

Liebe Jüngerinnen und Jünger des Herrn!

Man sagt mir, daß Ihr ebenso wie mein Bruder Simon und ich Jünger des Herrn seid. Deshalb möchte ich Euch einen Brief schreiben, obwohl ich keineswegs eine so herausragende Bedeutung im Jüngerkreis des Herrn hatte wie mein Bruder oder auch wie Johannes und Jakobus.

Ich bin nur ein einfacher Fischer, aber der Herr hat mein Leben verändert. Er hat mich gerufen, und ich habe auf ihn gehört und bin ihm gefolgt. Er hat mich zum Menschenfischer gemacht, und so habe ich mein ganzes Leben in seinen Dienst gestellt. Da auch Ihr Jünger des Herrn seid, möchte ich Euch zum Thema Dienen schreiben.

Ihr lebt in einer Welt, von der ich nicht viel verstehe. So viele Dinge bei Euch sind mir geradezu unheimlich, so vieles, was sich bewegt und was Lärm macht. Auf der anderen Seite staune ich, wenn ich sehe, was Ihr alles könnt und mit Euren Maschinen bewirkt. Jede Zeit und jede Kultur scheint ihre positiven und ihre negativen Seiten zu haben.

Überrascht bin ich auch, wenn ich sehe, daß bei Euch das Wort Dienst einen hohen Stellenwert hat. Überall lese ich bei Euch von Kundendienst, Notdienst, ja ebenso vom Dienst in der Kirche. Ihr seid geradezu eine Gesellschaft des Dienstes.

Und doch habe ich dabei ein ungutes Gefühl. Nicht nur, weil es manchmal so aussieht, als ob Euer Dienen mehr mit Verdienen zu tun hätte. Ich glaube auch, daß es bei Euch oft kalt und herzlos zugeht. Da werden Menschen übersehen oder an den Rand geschoben. Da fällt es den Notleidenden bei Euch schwer, Hilfe und Zuwendung zu erhalten. Da gibt es so viele Beziehungen, die zerbrechen, so viele Kinder und Alte, die allein und einsam sind.

Vielleicht ist es deshalb gut, wenn ich Euch schreibe, wie der Herr den Dienst aneinander verstanden hat. An seine Worte erinnere ich mich nämlich noch gut. Wie so oft hat er Geschichten erzählt, Nachdenkgeschichten, die die Menschen verändern sollten. Eine davon habe ich besonders gut behalten, und auch Ihr habt sie schon oft gehört, die Geschichte vom barmherzigen Samariter.

Ich habe aus dieser Geschichte viel gelernt. Dienen heißt zuerst einmal die Not eines anderen überhaupt sehen. Also nicht einfach vorbeigehen, sondern den anderen wahrnehmen und das, was sein Leben ausmacht. Wenn ich das tue, beginne ich mit ihm zu fühlen. Seine Freude und sein Glück, aber ebenso sein Leid und seine Angst gehen mich dann etwas an. Er ist mir nicht länger gleichgültig, ich möchte, daß es ihm gutgeht.

Ein Zweites kommt hinzu: Sehen allein genügt nicht und Reden erst recht nicht. Man muß handeln, sich bücken zu dem in Not, sich die Hände schmutzig machen, zupacken, Zeit und Kraft aufbringen, sich selbst ganz einsetzen. Jener Samariter in der Geschichte hat das getan, und uns gilt der Satz des Herrn:

Geh und handle genauso!

Als wir damals in unserer kleinen Gemeinschaft in Jerusalem mit dem anfingen, was Ihr heute Kirche nennt, da war uns dieser Satz sehr wichtig. Wir haben versucht, einander zu dienen und füreinander dazusein. Das war nicht leicht, aber es ist uns ein gutes Stück gelungen. So schreibt Lukas über uns:

Die Gemeinde der Gläubigen
war ein Herz und eine Seele.
Keiner nannte etwas von dem,
was er hatte, sein Eigentum,
sondern sie hatten alles gemeinsam.

So möchte ich Euch bitten und ermahnen: Wenn Ihr dem Herrn folgen wollt, wenn Ihr seine Jünger sein wollt, dann versucht, wo Ihr könnt, einander zu dienen. Versucht, Not zu wenden. Helft mit, daß Menschen ein menschenwürdiges und gesundes Leben haben. Wenn Ihr den Menschen dient, dann dient Ihr dem Herrn, dann dient Ihr Gott.

Ein letzter Gedanke zum Dienen: Wir Menschen – und niemand kann sich da ausschließen – wollen immer die Ersten, die Besten, die Größten sein, wir wollen ganz vorn, vor den anderen sein. So entstehen Streit und Eifersucht, Neid und Haß und verderben das Zusammenleben der Menschen.

Unser Herr setzt gegen ein solches Verhalten den Dienst aneinander. Er sagt:

Die Könige herrschen über ihre Völker,
und die Mächtigen lassen sich Wohltäter nennen.
Bei euch aber soll es nicht so sein,
sondern der Größte unter euch
soll werden wie der Kleinste,
und der Führende soll werden
wie der Dienende.

Das muß für Euch gelten, in Eurem alltäglichen Leben, in Euren Gemeinschaften, besonders wenn Ihr als Gemeinde des Herrn zusammenkommt. In Eurer Kirche darf es kein Machtstreben, keine Unterdrückung, kein Herrschaftsdenken geben. Vielmehr seid bereit zum Dienst in der Nachfolge des Herrn, der sein Leben für uns gab.

Ich wünsche Euch die Kraft des Geistes Gottes, damit Ihr immer neu zur Gottesliebe und zur Nächstenliebe, zum Dienst aneinander, im Auftrag des Herrn bereit werdet.

Euer Bruder *Andreas*

Matthäus

10. Sonntag im Jahreskreis

Liebe vom Herrn Befreite!

So darf ich Euch wohl deshalb anreden, weil ich selbst vom Herrn Befreiung und Erlösung erfahren habe. Der Herr hat mir ein zweites Leben geschenkt, in Freude und Dankbarkeit möchte ich Euch davon berichten. Vielleicht stimmt Ihr dann in meinen Lobruf ein, vielleicht sagt Ihr mit mir zusammen dem Herrn Dank.

Doch zuerst muß ich Euch von meinem ersten Leben erzählen, von dem, was mich früher bestimmt hat. Es war, um es mit einem Wort zu sagen, die Jagd nach dem Geld, nach immer mehr, nach immer größeren Reichtümern. Diese Gier – so sehe ich es heute – hat mich wohl auch dazu bewogen, einen Beruf zu ergreifen, der bei uns Juden verrufen ist, der aber viel einbringt, wenn man es richtig macht.

Ich war wie mein Kollege Zachäus in Jericho Zöllner. Von den Römern hatte ich eine Zollstation gepachtet, ihnen mußte ich eine Jahrespacht dafür zahlen. Das war in den Augen meiner Volksgenossen schon schlimm genug, bedeutete es doch die Zusammenarbeit mit der römischen Besatzungsmacht, dem schlimmsten Feind Israels. Sich mit den Ungläubigen gemein machen hieß zugleich, aus der Gemeinschaft des Volkes herauszutreten.

Hinzu kam ein Zweites: Die Römer hatten zwar eine Liste mit gewissen Sätzen, die als Zoll zu nehmen waren. Wir Pächter hatten aber sehr viel Freiheit in der Auslegung dieser Liste. Wer viel verdienen wollte, konnte auch viel verlangen. Und ich wollte ja viel verdienen. Das Ergebnis war entsprechend: viel Geld, aber auch Verachtung, ja Ausschluß aus der Gemeinschaft der Bewohner unserer kleinen Stadt.

Einerseits habe ich dazu bewußt ja gesagt, ich wollte ja Geld. Auf der anderen Seite habe ich aber, je älter ich wurde, gespürt, daß das Geld nicht alles ist, daß es einen tieferen Sinn im Leben geben muß, der mit noch so viel Geld nicht zu bezahlen ist. So habe ich Ausschau gehalten nach etwas anderem. Etwas muß sich ändern, dachte ich. Ich habe lange gebraucht, bis ich erkannte: *Ich* muß mich ändern.

Das hätte ich allein nie geschafft. Doch eines Tages kam dieser Prophet aus Galiläa, Jesus von Nazaret, an meiner Station vorbei. Er hatte nichts zu verzollen, blieb aber dennoch stehen und sah mir in die Augen. Ob er mein Suchen gespürt hat? Ob er von meiner Einsamkeit geahnt hat? Ob er von meiner Jagd nach dem Geld und von meiner Schuld gewußt hat? Dann sagte er nur drei Worte, Worte, die mein Leben veränderten:

Folge mir nach!

Mehr nicht. Und mehr war auch nicht nötig. In dem Augenblick, in dem er sprach, wußte ich, daß mein Suchen zu Ende war. Ich spürte, daß ich einen neuen Lebenssinn gefunden hatte. Also stand ich auf und ging hinter ihm her.

Er ging zu meinem Haus und wollte mein Gast sein. Das gab natürlich Ärger. Nicht bei mir oder bei einigen Kollegen, die auch zum Essen kamen, sondern bei den Nachbarn, alles fromme Juden, die das Gesetz streng beachteten. Empört fragten sie seine Jünger:

Wie kann euer Meister
zusammen mit Zöllnern und Sündern essen?

Doch der Herr gab ihnen eine Antwort, die sie verstummen ließ:

Nicht die Gesunden brauchen den Arzt,
sondern die Kranken.
Darum lernt, was es heißt:
Barmherzigkeit will ich, nicht Opfer.
Denn ich bin gekommen,
um die Sünder zu rufen, nicht die Gerechten.

Seit jenem Tag folgte ich ihm nach. Es war kein leichter Weg. Von meinem Besitz habe ich viel weggeschenkt. Ich wollte den Schaden, den ich an der Zollstation angerichtet hatte, wiedergutmachen. Ich habe viel weggegeben, aber Wichtigeres gewonnen, einen neuen Sinn für mein Leben, ja ich wage zu sagen, ich habe ein neues Leben gewonnen.

Soweit meine Geschichte. Doch nun zu Euch. Ich meine fast, wir wären einander ähnlich. Oder stimmt es nicht, was man über Euch Europäer des zwanzigsten Jahrhunderts sagt: daß Ihr in großem Wohlstand lebt, daß Besitz, Geld und Karriere Euch ungeheuer wichtig sind, daß das, was ihr kaufen und konsumieren könnt, Euer Leben bestimmt und für Euch entscheidend ist? Gewiß, Ihr werdet sagen, wir geben doch für diesen und jenen Zweck, und wenn ein Bettler an die Tür kommt, kriegt er auch ein Butterbrot.

Aber glaubt Ihr wirklich, daß das ausreicht? Glaubt Ihr damit schon das zu tun, was der Herr von Euch erwartet? Er hat Euch doch ebenso wie mir ein neues Leben geschenkt. Er hat Euch zur Freiheit der Kinder Gottes berufen, er will Euch von den unguten Bindungen an Geld und Besitz, an Ruhm und Machtstreben frei machen, er will Euch einen neuen Lebenssinn schenken.

Ich kann Euch aus meiner Lebenserfahrung sagen: Öffnet Euch dem Herrn. Er ruft Euch, so folgt ihm nach. Laßt das, was Euch versklavt, zurück, und beginnt neu. Seid sicher, daß er Euch das Tor zum wirklich Wichtigen im Leben öffnet: zu Gott und seinem Reich.

Es grüßt Euch im Herrn verbunden

Matthäus, ehemals Zöllner

Elija

19. Sonntag im Jahreskreis

So höre denn mein Wort!

Du Gemeinde der Knechte des Herrn, des Gottes Abrahams, Isaaks und Jakobs, höre mein Wort. Erkennt den Herrn als den wahren Gott, Jahwe ist König!

Als Bote des Höchsten schreibe ich Euch diesen Brief, mein Name sagt dies bereits aus: Elija bedeutet im Hebräischen »Mein Gott ist Jahwe«. Ich habe mein Leben lang meinen Namen als Auftrag verstanden und dafür gekämpft, daß die Menschen zum Glauben an den einen Gott, den Höchsten, finden.

Diese Aufgabe war in meiner Zeit sehr schwer. Die Menschen in meinem Land glaubten nur zum Teil an Jahwe. Viele, vor allem die Mächtigen und an der Spitze das Königspaar Ahab und Isebel, verehrten andere Götter, in besonderer Weise Baal und Aschera. Weil Ahab und das Volk taten, was dem Herrn nicht gefiel, kam großes Unheil über das ganze Land. Eine lange Trockenheit bedrängte uns, alles Leben verdorrte, weil das Volk nicht länger den Herrn allen Lebens verehrte.

In dieser Situation habe ich zur Umkehr aufgerufen. Ich habe Zeichen gewirkt wie jenes auf dem Berg Karmel, aber alles hat nichts genutzt. Ja mehr noch, ich wurde verfolgt, Isebel wollte mich töten lassen. Mir blieb nur ein einziger Ausweg, die Flucht.

Ich war völlig verzweifelt und niedergeschlagen. Meine ganze Kraft hatte ich für den Herrn eingesetzt, und alles schien umsonst, ja sich in das Gegenteil zu verkehren. Ich war gescheitert, und mußte ich nicht sogar annehmen, daß der Herr mich scheitern ließ? Ich floh in die Wüste, setzte mich in den Schatten eines Ginsterstrauches und sagte dem Herrn:

Nun ist es genug, Herr,
nimm mein Leben;
denn ich bin nicht besser als meine Väter.

Doch da geschah das Wunder. Auf unbegreifliche Weise wurde ich gestärkt, der Herr schenkte mir Kraft, daß ich vierzig Tage lang durch die Wüste zum Gottesberg Horeb gehen konnte. Wie auf Engelflügeln wurde ich getragen, der Herr sorgte für mich.

Dort am Horeb hatte ich dann das entscheidende Erlebnis meines Lebens. Ich bin dem Herrn begegnet, oder besser gesagt: Der Herr hat sich mir gezeigt, er hat sich mir zugewandt. Wie das geschehen ist, fragt Ihr? Eigentlich kann ich das gar nicht beschreiben. Ich kann nur sagen, was nicht war, denn der Herr ist ganz anders als unsere Vorstellungen von ihm. Nicht mit Macht und Gewalt erschien er mir, nicht mit der Stärke eines Sturmes, nicht mit der Kraft eines Erdbebens, nicht in dem Furchtbaren des Feuers. Ganz anders, leise und unscheinbar, sanft und leicht zu überhören, war er da. Ich erschauderte in jenem Augenblick. Der Herr der Heere stand mir gegenüber.

Dieser Augenblick, ein einziger in meinem ganzen Leben, genügte, um mir Kraft für den weiteren Weg zu geben. Darüber könnte ich Euch viel schreiben, es war ein schwerer Weg, aber ich will mich lieber mit Euch befassen.

Mir scheint, daß auch Eure Zeit Schwierigkeiten hat, den Herrn zu erkennen und den wirklichen Gott zu verehren. Es ist bei Euch nicht länger selbstverständlich, an Gott zu glauben. Zu viele haben sich vom Herrn abgewandt. Zu viele verehren auch fremde Götter, von Menschen gemachte Götzen. Sie heißen nicht mehr Baal und Aschera, sind aber ebenso gefährlich für Euch wie die alten Götter. Überlegt selbst, woran Ihr, woran Eure Nachbarn und Freunde, ja selbst die Mitglieder Eurer Familien glauben. Ist das wirklich der Glaube an den einen Gott, den Gott Abrahams, Isaaks und Jakobs?

Mir scheint, das Ergebnis ist bei Euch ähnlich dem in meinem Volk: Ihr »vertrocknet«, weil Euch die Beziehung zum Herrn des Lebens immer mehr verlorengeht. Das Leben bei Euch verkümmert, weil nicht das Wort des Herrn, sondern so viele andere Worte Euer Leben prägen.

Gewiß, es ist in Eurer Welt schwerer geworden, Gott zu erfahren. Aber einfach war das zu meiner Zeit auch nicht. Man findet zu Gott nicht im Trubel, in der Hektik, in der Unruhe des Alltags. Um Gott zu begegnen, braucht man die Wüste, so haben immer wieder Menschen erfahren. Nicht unbedingt die Wüste Juda, aber eine innere Ruhe und Stille, um zum Herrn zu finden.

Öffnet Euch wieder für den Herrn. Kehrt um von falschen Wegen, setzt in Eurem Leben andere Schwerpunkte, orientiert Euch neu. Auch Ihr könnt Gott in Eurem Leben erfahren. Doch er ist sicher ganz anders, als Ihr denkt, ganz anders als Eure Vorstellungen und Wünsche. Gott ist nicht das Machwerk des Menschen, sondern er ist der Herr. Gott kommt nicht so zu uns, er handelt nicht so, wie wir es erwarten, vielmehr bleibt er der ganz Andere, er bleibt das tiefste Geheimnis unseres Lebens.

Ich rufe Euch zu, die Ihr in einer ganz anderen Zeit als der meinen lebt: Hört auf mein Wort, und kehrt um zum Herrn. Macht ihn zur Mitte Eures Lebens.

Das schreibt Euch

Elija, der Prophet des Höchsten

Die kanaanäische Frau

20. Sonntag im Jahreskreis

An alle bei Euch, die dem Herrn zugewandt sind!

Eigentlich ist es unziemend, daß ich mich als Frau, dazu aus einem fremden Volk, an Euch wende. Aber wenn Ihr meine Situation bedenkt, müßt Ihr feststellen, daß wir etwas gemeinsam haben. Wir sind keine Juden, Ihr nicht und ich nicht, und wir glauben doch an den Herrn, Ihr auf Eure und ich auf meine Weise. So gehören wir zusammen, obwohl fast zweitausend Jahre zwischen uns liegen.

So schreibe ich Euch diesen Brief in tiefer Verbundenheit. Oder anders gesagt: Ich bin Euch verbunden, weil Ihr dem Herrn verbunden seid, dem ich ebenso verbunden bin. Das hängt mit dem zusammen, was ich erlebt habe. Oder eigentlich mit meiner Tochter.

Sie war krank, schwer krank. Nicht irgendeine Krankheit plagte sie, sondern ein seltsames Leiden, wie von bösen Mächten, wie von einem Dämon wurde sie gepeinigt, und wir konnten nichts dagegen tun. Oft erschien sie mir wie eingesperrt in einen Kerker der Angst und der Verzweiflung.

Wir alle hatten Angst um sie, und wir hätten alles getan, um ihr zu helfen. Da kam eines Tages dieser Jesus in unser Gebiet. Er ist Jude, aber manchmal gehen Juden durch unseren Ort. Sie halten sich aber von uns fern, mit »Ungläubigen« dürfen sie keinen Kontakt halten. Daß sie deshalb bei uns nicht sonderlich beliebt sind, könnt Ihr sicher verstehen. Sie halten sich wohl für etwas Besseres.

Von diesem Jesus hatte ich schon viel gehört. Man erzählt sich so manches in unserer Gegend, und immer klang dabei an: Dieser Mann aus Galiläa ist ein großer Prophet Gottes. Er heilt Kranke, er macht Aussätzige rein, er gibt den Blinden das Augenlicht. Wenn einer meiner Tochter helfen könnte, dann war er es. So ging ich zu ihm und rief ihm zu:

Hab Erbarmen mit mir, Herr, du Sohn Davids!
Meine Tochter wird von einem Dämon gequält.

Typisch jüdisch, seine Reaktion. Er beachtete mich nicht einmal, er sprach kein einziges Wort zu mir.

Aber so leicht wird mich keiner los. Wenn ich mir etwas in den Kopf gesetzt habe, dann führe ich das auch aus. Ich schrie und wiederholte meine Bitte, immer wieder. Seine Jünger wurden unwillig, denen ging mein Rufen wohl auf die Nerven. Sie sagten etwas zu ihm, und jetzt gab er mir endlich eine Antwort:

Ich bin nur zu den verlorenen Schafen
des Hauses Israel gesandt.

Also wieder eine Abfuhr. Aber nicht mit mir. Schließlich ging es um meine kranke Tochter, und dieser Mann, dieser Prophet, war meine letzte Hoffnung.

Also fiel ich vor ihm nieder, ich versperrte ihm den Weg, er sollte nicht an mir vorbeigehen können, bevor er mir geholfen hätte. Wenn Mütter um ihre Kinder kämpfen, kennen sie keine Grenze. Ich klammerte mich an ihn und schrie erneut um Hilfe.

Doch er gab mir nur kühl zur Antwort:
Es ist nicht recht,
das Brot den Kindern wegzunehmen
und den Hunden vorzuwerfen.
Jetzt auch noch so ein dummer Spruch. Und wir Nichtjuden als »Hunde«. In mir entstand eine Mischung aus Wut und Hoffnung. Dieser Mann, so spürte ich jetzt ganz deutlich, hatte die Kraft, meiner Tochter und mir zu helfen. Ich glaubte fest an ihn. Ich würde nicht von ihm lassen, mochte er sich noch so sträuben.

Und da blickte er mich auf einmal an. Sein Blick wurde freundlich, und er sagte:
Frau, dein Glaube ist groß.
Was du willst, soll geschehen.
Stellt Euch vor, genauso geschah es. Meine Tochter war in diesem Augenblick von ihrer Not befreit, der schreckliche Dämon der Krankheit war überwunden. Ich hatte mein Ziel erreicht.

Zugleich aber habe ich in diesem Jesus eine Macht gespürt, die nur von Gott kommen kann. Wahrlich, dieser Mann aus Nazaret ist der Bote Gottes. In ihm scheint Gott auf. Es ist richtig, an ihn zu glauben. Ich sage Euch dies nicht allein, weil meine Tochter durch ihn zu einem neuen Leben fand, nein, ich sage dies aus voller Überzeugung: In diesem Jesus ist Heil.

Ihr bekennt Euch zu diesem Propheten, ja Ihr tragt seinen Namen. Ich hoffe, daß das nicht nur eine äußere Bindung darstellt, sondern daß Ihr zutiefst von diesem Mann ergriffen seid. Er kann auch Euch frei machen von den vielfältigen Dämonen, die unser Leben beeinträchtigen, die uns einengen und versklaven. Er kann Eure Not wenden. Er kann Euch offen machen für gelingendes Leben, für wirkliches Heil, für Schalom, für den Frieden Gottes. Er kann auch Euer Leben gesund machen.

So wünsche ich Euch mit diesem Brief, daß Ihr immer tiefer an ihn glaubt, damit Euer Leben heil wird. Seid in Eurem Glauben so beständig, wie ich es war. Laßt ebensowenig darin nach, Euch immer wieder und in jeder Notlage an den Herrn zu wenden. Denn er ist Euer Heil, er ist Eure Hilfe, er ist Eure Rettung. Er steht Euch in jeder Not zur Seite.

Dies schreibt Euch in großer Verbundenheit

eine kanaanäische Frau

Paulus

Christkönig

An alle, die von Gott geliebt sind,
die berufenen Heiligen!

Gnade sei mit Euch und Friede von Gott, unserem Vater, und dem Herrn Jesus Christus!

Zunächst danke ich Euch, weil Ihr Euch zu unserem Herrn Jesus Christus bekennt. Juden und Heiden gilt die Botschaft des Evangeliums, das ich verkündet habe. Ihr seid in gewisser Weise meine Kinder, denn der Glaube, für den ich mich mit ganzer Kraft eingesetzt habe, ist durch die Jahrhunderte und über die Völker hinweg zu Euch gekommen. Das bereitet mir viel Freude und Trost.

Ich bin als Jude aufgewachsen, und Ihr seid aus einem anderen Volk. Miteinander aber sind wir Gottes Volk, miteinander sind wir die Heiligen Gottes, durch den Herrn vereint. Denn er, Christus Jesus, vereinte Juden und Heiden, durch sein Kreuz besiegte er die Feindschaft und stiftete Versöhnung. Ich habe das in einem anderen Brief so beschrieben:

Er stiftete Frieden
und versöhnte Juden und Heiden

durch das Kreuz mit Gott
in einem einzigen Leib.
Er kam und verkündete den Frieden:
euch, den Fernen, und uns, den Nahen.
Durch ihn haben wir beide
in dem einen Geist Zugang zum Vater.
Ihr seid also nicht mehr Fremde
ohne Bürgerrecht,
sondern Mitbürger der Heiligen
und Hausgenossen Gottes.
Ihr seid auf das Fundament der Apostel
und Propheten gebaut;
der Schlußstein ist Christus Jesus selbst.

Ihr, die Ihr an Christus Jesus glaubt, bedenkt, was diese Sätze für Euch bedeuten: Ihr tragt mit dem Namen »Christen« einen ehrenvollen Namen, denn Ihr gehört zum Volk Gottes, seid Glieder des einen Leibes, Steine am Bau des heiligen Tempels.

Niemand darf Euch in dieser Würde beeinträchtigen, niemand darf die Freiheit, die der Glaube an Christus Jesus Euch schenkt, beschneiden. Nun muß ich aber von Euren Gemeinden hören, daß es darin viel Streit und Machtstreben gibt, daß Rangordnung und Titel bei Euch eine große Rolle spielen, daß keineswegs alle sich als Laien, als Glieder des Volkes Gottes, verstehen. Einige meinen, von ihrem Dienst her alles entscheiden zu können, und statt »Diener der Freude« aller zu sein, verstehen sie sich als »Herren des Glaubens« und versuchen, über die anderen zu bestimmen.

Ich muß mich in aller Deutlichkeit dagegen wehren. Gewiß, es gibt viele Dienste in der Kirche, so wie es viele Glieder an einem Leib gibt. So hat Gott die einen als Apostel, die anderen als Propheten, die dritten als Lehrer eingesetzt, jedem teilt der Geist seine Gaben zu, wie er will. Alle aber sollen auf ihre Weise zum Aufbau des Leibes Christi beitragen.

Das gilt auch für Euch. Jeder von Euch ist berufen, an der Verkündigung des Evangeliums und am Aufbau der Kirche mitzuwirken. Laßt Euch diese ehrenvolle Aufgabe von keinem nehmen, sondern bemüht Euch, in Eintracht miteinander Eure Gaben so einzusetzen, daß sie allen nützen.

Für Euch muß gelten, was ich bereits damals einer Gemeinde geschrieben habe:

Seid eines Sinnes,
einander in Liebe verbunden,
einmütig und einträchtig.
Tut nichts aus Ehrgeiz und Prahlerei.
Sondern in Demut schätze einer den andern
höher ein als sich selbst.
Jeder achte nicht nur auf das eigene Wohl,
sondern auch auf das der anderen.

Wenn Ihr, gleich welchen Dienst Ihr in der Kirche Gottes ausübt, so handelt, dann werdet Ihr zu glaubwürdigen Zeugen des Evangeliums, dann wird der Herr mit Euch sein. Denkt daran:

Zur Freiheit hat uns Christus befreit.
Bleibt daher fest
und laßt euch nicht von neuem
das Joch der Knechtschaft auflegen!

Für diese Freiheit der Kinder Gottes habe ich gekämpft, ja, ich habe dem Petrus ins Angesicht widerstanden, als es um dieser Freiheit willen nötig war. So mache ich auch Euch Mut, für diese Freiheit einzutreten, ob gelegen oder nicht.

So öffnet Euch dem Geist unseres Herrn Jesus Christus, dem Geist, der Leben schenkt und der Euch befreit. Der Geist Gottes ist es, der den Tod überwindet, und nicht der Buchstabe des Gesetzes, gleich von wem ein solches Gesetz stammt:

Denn der Buchstabe tötet,
der Geist aber macht lebendig.

Über allem aber soll bei Euch die Liebe stehen. Glaube, Hoffnung und Liebe sollen Euer Leben prägen, doch die Liebe ist am größten unter ihnen. So jagt der Liebe nach. Sie soll Euch und Eure Gemeinde prägen. Dann ist die Gnade Jesu, des Herrn, mit Euch.

Meine Liebe ist mit Euch allen in Christus Jesus.

Paulus

Schriftstellenverzeichnis

Die wörtlichen Zitate aus der Bibel sind im folgenden Register angegeben. Wo Schriftstellen in Klammern gesetzt sind, ist diese Stelle nicht wörtlich zitiert, bestimmt aber den Brief in hohem Maße. Die kursiv gesetzten Schriftstellen jeweils in der zweiten Zeile geben Hinweise, wo mehr zur betreffenden biblischen Gestalt zu lesen ist.

Jesaja: Jes 9,1-5; 2,2.4.5
Jes 6; 2 Kön 19-20; Jes 37,1-7; 39,1-8
Johannes der Täufer: Mk 1,3; Lk 3,11; 3,6
Mt 3,1-12; 4,12; 11,2-15; 14,3-12; Mk 1,1-11; 6,17-29; Lk 1,5-25.57-80; 3,1-20; Joh 1,19-34
Maria: Lk 1,46-55
Mt 1,18-2,23; Lk 1,26-56; 2,1-52; Joh 2,1-12; Mt 12, 46-50; Joh 19,25-27; Apg 1,14
Josef: Mt 1,20-23
Mt 1,16.18-25; 2,13-23; Lk 2,1-52
Der Engel: Lk 2,10-12.14
Stephanus: Lk 4,18-19 (= Jes 61,1-2); Apg 7,56
Apg 6-7
Die Magier: Mt 2,2.6

Simeon: Jes 11,1; Lk 2,29-32.34-35
Adam: Gen 1,28; 2,7
Gen 2-3
Eva: (Gen 2-3)
Abraham: Gen 12,1-2.3.7; 15,5
Gen 12-25
Jakobus: Mk 1,17; 9,7
Mt 4,21; 20,20-24; Mk 1,19.29; 3,17; 9,2-10; 10,35-41; Lk 9,54; Apg 12,2
Mose: Ex 17,6: Phil 3,19
Ex 2-20; 31,18-34,35; Dtn 34
Die Samariterin: Joh 4,10.13-14; 4,26
Joh 4,1-42
Samuel: Joël 3,1-2; Gal 5,16.22-23.26
1 Sam 1-3; 7,2-17; 9,1-10,16; 16,1-13; 25,1
Der Blinde: Joh 9,4-5.7.38.39
Joh 9,1-41
Ezechiel: Ez 18,31-32; 34,12.16; 36,26-28; 37,5
Ez 2-3
Marta: Lk 10,41-42; Joh 11,23.25-26
Lk 10,38-42; Joh 11,1-44; 12,1-2
Der Esel: Jes 1,3; (Mt 21,1-11); 2 Sam 16,2; Sach 9,9
Simon Petrus: Joh 13,38; 18,11; Apg 4,12 (s. auch S. 143: Petrus)
Mt 16,13-19; Mk 1,16-20.29-31; 14,66-72; Lk 5,1-10; Joh 1,35-42; 18, 15-27; 21,15-19; Apg 1,15-2,42; 3-4,22; 8,14-25; 9,32-12,19
Judas Iskariot: Mt 26,21-24
Mt 26,14-16.47-56; 27,3-10
Der römische Hauptmann: Mk 15,39; (Mt 28,11-15)
Maria aus Magdala: Joh 20,15.16.17
Mt 27,55-56.61; Mk 16,1-8; Lk 8,2; 24,1-11; *Joh 20,1-2.11-18*
Der Engel am Grab: Mt 28,5-7; Röm 6,4-5
Thomas: Joh 20,24-29
Joh 11,16; 14,5

Kleopas: Lk 24,17.25.34
Lukas: Apg 1,11; (Lk 24,50-53)
Petrus: Apg 2,38-39; 1 Petr 2,5; 3,8-9.15 (s. auch S. 142: Simon Petrus)
Andreas: Lk 10,37; Apg 4,32
Mt 4,18-20; Mk 1,16-20.29; Joh 1,35-42; 6,8; 12,21-22
Matthäus: Mt 9,9-13
Elija: 1 Kön 19,4
1 Kön 17-19; 21; 2 Kön 1-2
Die kanaanäische Frau: Mt 15,21-28
Mk 7,24-30
Paulus: Eph 2,15-20; 2 Kor 1,24; Phil 2,2-4; Gal 5,1
Apg 7,58; 8,1-3; 9,1-31; 13-28